Da minha ansiedade a sua felicidade

Rabino Gabriel Benayon

Biblioteca Êxito - 60

1. Do Fracasso ao Sucesso na Arte de Vender — Frank Bettger
2. As Cinco Grandes Regras do Bom Vendedor — Percy Whiting
3. Vença pelo Poder Emocional — Eugene J. Benge
4. Sucesso na Arte de Vender — Harold Sherman
5. A Arte de Vender para a Mulher — Janet Wolf
6. TNT - Nossa Força Interior — H. Sherman e C. Bristol
7. O Segredo da Eficiência Pessoal — Donald A. Lird
8. Realize suas Aspirações — Elmer Wheeler
9. Dinamize sua Personalidade — Elmer Wheeler
10. Vença Pela Força do Pensamento Positivo — Pierre Vachet
11. Venda Mais e Melhor — W. K. Levis
12. A Chave do Sucesso — W. G. Damroth
13. Os Sete Segredos que Vendem — E. J. Hegarty
14. A Pisicologia Aplicada na Arte de Vender — Donald A. Laird
15. Grandes Problemas e Grandes Soluções do Vendedor Moderno — Percy H. Whiting
16. Ajuda-te pela Cibernética Mental — U. S. Anderson
17. Super TNT - Liberte suas Forças Interiores — Harold Sherman
18. O Poder da Comunicação — J. V. Cerney
19. O Poder da Cibernética Mental — R. Eugene Nichols
20. Leis Dinâmicas da Prosperidade — Chatherine Ponder
21. Leitura Dinâmica em Sete Dias — Wiliam Sahial
22. A Psicologia da Comunicação — Jesse S. Nirenberg
23. Criatividade Profissional — Eugene Von Fange
24. O Poder Criador da Mente — Alex F. Fange
25. A Arte e Ciência da Criatividade — George F. Kneller
26. Use o Poder de Sua Mente — David J. Shwarts
27. Para Enriquecer Pense como um Milionário — Howard E. Hill
28. Desperte sua Força Mental — Alex F. Osborn
29. Criatividade - Progresso e Potencial — Calvin W. Taylor
30. Criatividade - Medidas, Testes e Avaliações — E. Paul Torrance
31. Psicologia, Técnica e Prática de Vendas — Constantino Grecco
32. Vença pela Fé — Gordon Powell
33. Idéias para Vencer — Myron S. Allen
34. A Força do Poder Interior — J. J. McMabon
35. O Lider - 500 Conceitos de Liderança — llie Gilbert
36. Gerência de Lojas — Constantino Grecco
37. O Lider - Vol. II — llie Gilbert

38. Viver Agora — Joel S. Goldsmith
39. O Lider - Vol. III — llie Gilbert
40. Nos Bastidores da Venda — I. R. Petarca
41. Manual da Criatividade — Mauro Rodrigues
42. A Alegria do Triunfo — Patrick Estrade
43. Ajuda-te pela Magia — J. M. Nogueira
44. Liderança com Sucesso — Isabel F. Furini
45. O Poder do Subconsciente — Marcel Rouct
46. Otimismo e Ação — Isabel F. Furini
47. Como Tornar-se um Campeão de Vendas — Jonathan Evetts
48. Os Sete Pilares do Sucesso em Vendas — Jonathan Evetts
49. Negociação Personalizada — Tom Anastasi
50. Salmos para a Prosperidade — Daniel G. Fischman
51. Salmos para a Proteção — Daniel G. Fischman
52. Meditando Dia a Dia — Kimara Amanda
53. Vender é uma Arte — Terry Murphy
54. Show de Vendas — Sidney A. Friedman
55. 16 Regras para ser Feliz — Paulo G. Freitas
56. Vencer á ser Feliz — Silvério da Costa Oliveira
57. Horóscopo Japones — Minami Keizi e Onmyoji Seto Shamon
58. Minutos de Reflexão — Norma Margareth de Marchi Assunção
59. Transforme o Problema em Desafio — Sergio Hinds

Da minha ansiedade a sua felicidade

Rabino Gabriel Benayon

São Paulo | 2018

IBRASA
LIVROS QUE CONSTROEM

Editoração Eletrônica: Armenio Almeida (MK Design)

Publicado em 2018

Dados Internacionais de Catalogação na Publicação (CIP)
(Câmara Brasileira do Livro, SP, Brasil)

B394d BENAYON, Gabriel Dinar, Rabino.
Da minha ansiedade a sua felicidade. / Gabriel Dinar Benayon. - 1. ed. – São Paulo : IBRASA, 2018.

204 p.; 23x16 cm.
ISBN: 978-85-348-0370-0

1. Psicologia. 2. Religião. 3. Autoajuda. I. BENAYON, Gabriel Dinar. II. Título.

CDU: 159.9

Maria José O. Souza CRB 8/5641
Índice para catálogo sistemático:
Psicologia: 159.9
Judaísmo - filosofia: 296.1

Religião: 2

IMPRESSO NO BRASIL - PRINTED IN BRAZIL

SUMÁRIO

Quero dedicar este livro a você...

IN MEMORIAM
EDMUNDO JABRA SAFDIE BEN FORTUNEE MAZAL ז״ל
FALECIDO 10 SIVAN 5776
DOADO POR SEU FILHO
GABRIEL SAFDIE הי״ו

ספר זה יצא לאור
לע״נ אדמנדו ג׳ברא צפדייה בן פורטונה מזל ז״ל
נלב״ע י׳ סיון תשע׳ו
ת. נ. צ. ב. ה
נתרם ע״י בנו גבריאל צפדייה הי״ו

Agradecimentos

Cada indivíduo tem uma missão particular, mas sem a ajuda de outros não poderia cumpri-la. É por isso que queria agradecer a quem foram os verdadeiros artifícies para que esta obra pudesse ser realizada.

Ao Todo Poderoso, por ter me permitido chegar aqui, neste momento, e ter me dado a oportunidade de agradecer e dedicar este livro.

Ao meu mestre e guia, o "Rebbe", que com seu exemplo mudou o curso da minha vida para o bem e para a benção.

Ao meu pai, meu melhor amigo, que de forma incondicional sempre está ali para aconselhar-me sabiamente e quem também participou na edição desta obra.

A minha mãe, que nos ensina com suas ações que o amor é infinito, mas que deve ser entregue na medida justa, com a receita e os ingredientes corretos.

A minha esposa Nechama Dina, por ser o espelho no qual me vejo refletido e ser quem sempre me orienta para que eu melhore a cada dia; por sua dedicação constante a nossa família e sua entrega pela educação em nossa comunidade.

Aos meus filhos, Débora Miriam, Esther Leah, Menachem Mendel, Chaya Mushka, Chana Simcha, Yechiel Meir e Iosef Mordechai Itzjak que são a luz da minha vida!

Ao Rabino Eliezer Shemtov, que como emissário do Rebbe no Uruguai, foi uma peça imprescindível em meu desenvolvimento espiritual.

Ao Rabino Aaron Laine, que é quem me deu a oportunidade de dedicar-me a servir a comunidade do Panamá e quem me inspira a continuar com alegria a dedicar-me a este serviço tão meritório.

Ao Rabino Moisés Waisberg, que dedicou parte de seu tempo e entregou desinteressadamente seus conhecimentos a fim de aperfeiçoar esta obra.

Ao Rabino Isi Lapidus, diretor da Editora Bnei Sholem, que autorizou o uso das cartas do Rebbe.

A professora Pilar Flaster, que se encarregou da edição e correção desta obra.

Prólogo

Um fato básico da nossa existência é que cada indivíduo experimenta algum grau de estresse, preocupações e ansiedades. Às vezes, essas experiências são momentâneas; outras, intensas e duradouras. Tanto isto é verdade que chegam a afetar a nossa funcionalidade. Por esta razão, é fundamental que nós saibamos controlar nossos pensamentos e emoções para que seja possível ganhar o domínio sobre nossas ações.

Muitos estudos têm abordado a questão da ansiedade, um sem número de especialistas a trataram e um número similar de consultores têm pesquisado sobre ela. É o tema favorito em terapias psicológicas. A ansiedade, é das emoções a mais comum e universal. É sinônimo de tristeza, preocupação e agitação diante de acontecimentos futuros ou situações de incerteza. É a antecipação temerosa de uma ameaça iminente acompanhada por um intenso sentimento de medo e descontrole.

No entanto, a ansiedade não é algo totalmente negativo, já que em condições normais, cumpre uma função adaptativa. Ela pode até mesmo levar a pessoa ao conhecimento de seu próprio ser. Mesmo assim, ela pode ser patológica quando as demandas externas excedem a capacidade de resposta do indivíduo e, em tais condições, ela perde a sua função de acomodar ao meio para se tornar um problema.

Por ser uma doença tão comum, várias teorias psicológicas se combinaram para dar uma resposta. Uma por excelência é a terapia cognitivo-comportamental, que tem se mostrado eficaz na redução dos sintomas de ansiedade, preocupação e tristeza.

Nestas páginas, o leitor vai encontrar uma orientação clara e precisa sobre a forma de dissipar a ansiedade e governar a si mesmo, a fim de aumentar a sua qualidade de vida. Este livro tem a particularidade de ser inspirado na vida do autor, ter base nos ensinamentos da Torá e estar apoiado na psicologia.

O Rabino Gabriel Benayon compartilha sua experiência e nos leva a conhecer a sua vívida história a respeito da ansiedade e dos ataques de pânico. Ele também leva o leitor a uma reflexão pessoal sobre a própria existência e nos aproxima de uma forma assertiva de viver a vida de acordo com os ensinamentos da Torá.

O autor relata que os primeiros sinais de ansiedade apareceram por conta de um acontecimento familiar inesperado. Como resultado, a forma como as circunstâncias se apresentavam foram distorcidas, o que causou que pensamentos e sentimentos negativos surgissem afetando seu modo de ser e de agir. Isto fez com que ele se mobilizasse em sua busca pessoal e espiritual, e conseguisse reinterpretar positivamente a realidade através da modificação cognitiva, sobrepos pensamentos obsessivos e intrusivos e os substituiu por pensamentos construtivos e pró-ativos.

Para isso, ele contou com o principal instrumento: a fé em D-us.

Ser capaz de realizar sua própria recuperação e transmiti-la a fim de ajudar outras pessoas é um exemplo de resiliência. Sem dúvida, esta situação o fortaleceu e levou-o a transformar a sua dor e sofrimento em ação. Tudo de bom e de ruim que acontece neste mundo são testes, e D-us somente nos desafia com situações que podemos superar. Estes desafios são para despertar, desenvolver o nosso potencial e cumprir a nossa missão de vida.

O Rabino, por meio de sua situação, conseguiu obter uma tripla vantagem: ser ajudado por D-us, desenvolver os seus recursos pessoais e tornar-se uma fonte de ajuda aos outros. Pessoas resilientes, como o autor, aprendem através de suas experiências a obter um grande sentido de compromisso, entendimento e humildade. Além disso, elas também têm um forte senso de controle sobre os eventos e estão mais preparadas para enfrentar as mudanças da vida. Por sua vez, tendem a interpretar as experiências estressantes como uma parte a mais de sua existência e da plenitude.

Pessoas com grande sensibilidade, compromisso e otimismo surgem decorrente da crise, derrota e sofrimento. De acordo com Albert Einstein: "A crise é a maior bênção que pode acontecer com as pessoas porque traz progresso. A criatividade nasce da angústia. Quem supera a angústia, supera a si mesmo. Sem crise, não há desafios; Sem desafios, a vida se torna uma rotina; nenhuma crise, nenhum mérito. É na crise onde aflora o melhor de cada um. Falar de crise é promove-la e calar na crise é exaltar o compromisso."

A coragem do autor de promover e discutir a sua crise faz com que as pessoas que transitam por situações semelhantes se sintam identificadas, reconheçam a sua vulnerabilidade e desenvolvam a disposição para a mudança pessoal.

O livro, ao mesmo tempo, fornece ferramentas fundamentais para alcançar a mudança; e para isso, é essencial confiar em D-us em primeira instância e, em seguida, em nossas próprias capacidades.

Ou seja, D-us coloca continuamente provas a fim de que cada um de nós demonstre sua total confiança em Seu plano e que tudo está projetado para o refinamento individual. Nós viemos ao mundo para nos superar, para realizar nossa missão e dar graças por tudo o que temos. "Confie em D-us, seja forte e encoraja o seu coração."

Através da confiança, podemos alcançar a cura pessoal. O objetivo terapêutico de a encontrar, é fortalecer hábitos saudáveis e criar uma nova filosofia de vida onde impere a busca implacável da verdadeira felicidade, que sem dúvida, é espiritual. Somente através do apego ao Criador, podemos obter satisfação por nossas ações, desta forma, reduzindo a incerteza, agonia ou sintomas de ansiedade a sua expressão mínima.

Antes de dominar o mundo, deves dominar a si mesmo, ou seja, dominar tua natureza terrena e os instintos animais arraigados em ti. Isto somente conseguimos seguindo os ensinamentos Divinos delineados na Torá. Então, será possível que incluso nós como indivíduos, poderemos influir no mundo inteiro (Igrot Mélej, p. 32).

Bacharel Sol Benchimol de Glasermann

Cartas

Palavras do Rabino Eli Levy, Diretor de Jabad.com e Beit Jabad Colegiales (Buenos Aires, Arg.)

Uma das principais discussões da nossa geração é o que nós temos que fazer contra os problemas de ansiedade, estresse e depressão que afligem mais de um terço da população dos países desenvolvidos.

Como editor responsável da página web de judaísmo mais visitada em espanhol, recebo centenas de emails com consultas relacionadas a temas emocionais, entre os quais aqueles relacionados com a ansiedade e suas consequências.

Quando uma pessoa sofre de ansiedade ou de fobias, toda sua vida acaba virada de cabeça para baixo; suas relações interpessoais no trabalho e afetivas acabam sendo afetadas. Se esta doença não é tratada a tempo, vai se apropriando da pessoa até leva-la a inação total.

Graças a D-us existe uma forma de solucionar o problema, sobre tudo, quando podemos detecta-lo a tempo e trabalhar para reverte-lo.

Afortunadamente, a partir de hoje, podemos contar com um livro em fala espanhola que encara este tema tão delicado desde a perspectiva do judaísmo e que está apoiado na experiência pessoal e profissional do autor.

O Rabino Gabriel Benayon comparte sua experiência de vida conosco e nos brinda com ferramentas inestimáveis para superar esta dificuldade e para ajudar aqueles que se encontram em uma situação similar.

Talvez, seja possível encontrar outros livros sobre o tema. Mas nenhum deles é baseado na eterna sabedoria da nossa Torá. Apesar do flagelo dos transtornos de ansiedade ser um problema relativamente moderno, o segredo de sua cura está oculto em nossa Torá já há milhares de anos.

Recomendo este livro para qualquer pessoa que esteja passando por um momento de angustia ou depressão, ou para todos aqueles que tenham um ser querido em uma situação similar. É sumamente útil para educadores, pais e mestres e, em especial, para jovens em idade adolescente, etapa em que estes problemas estão mais latentes.

Rabino Eli Levy

Palavras do Rabino Eliezer Shemtov, Diretor do Beit Chabad de Uruguay

"Uma pessoa não chega a entender questões de Torá se não tropeçar com elas primeiro", declaram nossos sábios[1].

Neste livro, simples e profundo, o autor aborda um tema de grande relevância e complexidade. Cada vez mais pessoas sofrem por aquilo que Winston Churchill denominou, também por experiência pessoal, the Black Dog, o cão negro.

A depressão e a ansiedade são dois venenos que paralizam aqueles a quem conseguem invadir. Como o atentado contra as Torres Gêmeas, hackeiam o sistema intelectual e o emocional e assim atentam contra seu dono. A diferença para aquela tragédia, é que o inimigo não vem de fora, ele está dentro; e é muito mais difícil proteger-se contra seu efeito devastador.

1- Guitin, 43a

E é aí que reside o grande desafio. A pessoa deprimida não tem a força para lutar sozinha, e aqueles ao seu redor não têm as ferramentas para compreender o que está acontecendo na mente e no coração de seus entes queridos. Eles assistem, impotentes, como uma pessoa boa, inteligente e capaz passa dias, semanas, meses e até anos de sua vida sofrendo por razões que não conseguem entender. Como e por que é que todas as manhãs ao abrir os olhos, este ser querido deseja que isto não tivesse ocorrido? Não entendem por que ele não sai para aproveitar a vida, enfrentar desafios e aproveitar as oportunidades. Eles não entendem. Por que não se valoriza? Eles não entendem.

O autor aborda os distintos aspectos do tema com valentia e com resultados. Fala com base em suas experiências pessoais. Realmente, conhece o problema e comparte soluções que funcionam. Não pretende explicar porque é que a depressão afeta a quem afeta; não é um psicólogo. Explica como lidar com ela. De uma perspectiva prática do tema.

Recordo a seguinte anedota:
Havia um homem que não conseguia dormir

porque ele acreditava que havia pessoas se escondendo debaixo de sua cama, e isto lhe causava a fobia. Cansado de seu problema, consultou um psicólogo amigo que se ofereceu para cura-lo em seis meses a uma taxa de duas sessões semanais com um custo de R$ 100 por sessão.

Ele deixou a consulta. Pensou bastante e não aceitou.

Depois de um ano, por acaso, o homem e o psicólogo se encontraram e começaram a bater papo. O que aconteceu com aquela fobia? – perguntou o amigo psicólogo. — Olha, eu fiz as contas e com o que custaria a terapia poderia fazer uma viagem com minha esposa para a China. E ... a fobia, como anda, continua te atormentando? O terapeuta perguntou surpreso. — O Rabino me curou por apenas R$ 15 disse sorrindo o homem. – R$ 15? Como ele conseguiu? — Muito Fácil. Ele me mandou comprar uma serra e com ela serrei as pernas da cama. Agora, é impossível que exista alguém debaixo da cama.

Este primeiro livro do Rabino Gabriel Benayon é um belo exemplo desta tradição rabínica de buscar a solução prática para os problemas.

Ele comparte honesta e generosamente suas experiências pessoais e as "serras" confeccionadas com base nos ensinamentos do chassidismo.

Sem dúvida, será uma ajuda importante para aqueles que sofrem diretamente ou indiretamente de depressão e ansiedade. Também servirá de incentivo para que as pessoas explorem mais amplamente os ensinamentos práticos de nossa sabedoria milenar.

Tomara que isto motive a outros a fim de que compartam suas experiências de vida, seja como uma catarse, seja como uma ferramenta de ajuda.

Iasher Koach! Eliezer Shemtov

Este livro está dirigido para pessoas que sofrem de ansiedade. Os ensinamentos que aqui são explicados serão de grande ajuda para todas aquelas pessoas que se sentem desestabilizadas. Entretanto, cabe salientar que esta obra não pretende diagnosticar e nem substituir a tarefa do médico no marco da saúde mental.

Então transformaste o meu luto em regozijo; substituíste meu traje de martírio por roupas de alegria para que possa sempre cantar a tua glória. O Eterno, D-us meu, ações de graças dedicar-Te-ei por todo o sempre.

Salmos 30:12-13

Introdução

Atualmente, a ansiedade é considerada um dos motivos mais frequentes de consulta, e segundo algumas estatísticas afetam cerca de 40% da população.

É por isso que com o aumento das pessoas que sofrem de ansiedade tem crescido substancialmente a quantidade de livros que tentam nos ensinar a lidar com este sofrimento. Diante deste fenômeno, devemos perguntar se é verdade que estas obras oferecem uma solução prática e consistente ou se somente nos inundam de informações e estratégias que em última instância não nos conduzem a uma melhoria real.

O especial do livro que você tem em suas mãos é que não se trata de uma obra teórica e sim a transmissão da minha experiência pessoal, acompanhada de mais de dez anos de investigação. Eu sei o que significa sofrer de ansiedade; eu passei, talvez como você, pelos sintomas que a caracterizam: irritabilidade, suor excessivo, nervosismo, palpitações, enxaquecas, tontura e até mesmo os agonizantes ataques de pânico. Além disso, diferentemente do enfoque que aporta a psicologia moderna sobre o tema, este livro está baseado em sabedoria chassídica.

A diferença entre a perspectiva da psicologia moderna e a visão da Sagrada Torá – tal como se vê expressada na sabedoria chassídica – tem raiz fundamentalmente em que nós não acreditamos em acidentes e circunstâncias, senão que somos plenamente conscientes de que tudo que nos ocorre está orquestrado pelo Criador e feito para o nosso bem. Neste livro, você vai descobrir como a ansiedade não é um inimigo maligno, senão uma oportunidade de transcender e de alcançar uma luz sublime que está imersa nas profundidades do teu ser.

A ansiedade é o resultado de uma distorção

da maneira pela qual nos vemos e entendemos as coisas. Para retificá-la, a primeira coisa que devemos fazer é modificar nosso modo de pensar. Os sentimentos surgem do pensamento. Logo, por conseguinte, se te sentes mal, é porque estás pensando mal.

Os pensamentos são ideias que formamos na mente e nos ajudam a representar a realidade, dar sentido as experiências e interpretar os fatos. Estas ideias passam a se tornar crenças que vão se consolidando através do tempo e indicam como percebemos a nós mesmos, ao demais e ao nosso entorno. Estas crenças vão se construindo a partir das relações com os demais (família, amigos, companheiros de estudo, etc....), o trabalho, os eventos significativos, crises existenciais e experiências comovedoras.

O pensamento tem a particularidade de que se condiciona e fixa através da linguagem. Portanto, se utilizamos uma linguagem positiva como: "D-us está comigo", "Eu posso", "Sou capaz", "Tenho gente que gosta de mim e me apoia", entre outras, conseguiremos pensamentos positivos. Mas ao contrário, se utilizarmos uma linguagem: "Não sou bom", "Sou incapaz",

"Tenho medo", "Algo vai me passar"..., produziremos pensamentos nocivos e prejudiciais.

Em geral, quando as pessoas conhecem alguém que sofre de ansiedade ou depressão desenvolvem de forma imediata um sentimento de pena por esta pessoa. Quem pode culpá-los? Ver alguém cabisbaixo, com os olhos tristes e o ânimo no esgoto pode ser uma causa relevante para gerar pena, ou no melhor dos casos, compaixão.

Outro motivo porque se produz esta reação é aquilo que os profissionais já confirmaram: o processo para superar a ansiedade é longo e exaustivo, e pode chegar a durar vários anos ou inclusive toda a vida.

Como mencionei antes, eu sofri de ansiedade. Sei exatamente como você se sente e posso te dizer, que na verdade, ao ser a ansiedade uma distorção de nossa percepção, quando você aprender a corrigir seus pensamentos, ela irá para sempre.

Quando alguém comparte comigo seus problemas de ansiedade, a primeira coisa que lhe informo é que teremos reuniões curtas e que em pouco tempo, com a ajuda de D-us, ele conseguirá se libertar. De fato, aviso que o mais provável é que serão necessários mais de dez encontros. Por esta razão não me compadeço de quem tem ansiedade, e nem tampouco estas pessoas me infundem sentimento de pena, porque existe um motivo muito mais profundo: sofrer de ansiedade é um privilégio. E demonstrar isto é a intenção primordial deste livro.

Com base na minha experiência nos últimos onze anos, nos quais sirvo como um dos rabinos da comunidade judaica Beth-El na cidade do Panamá, posso confirmar que as estratégias que vou compartilhar são eficazes e práticas.

A maioria das pessoas com quem conversei conseguiram resultados muito positivos e melhoraram radicalmente sua qualidade de vida.

A razão principal pela qual decidi escrever este livro é porque o número de pessoas que padecem de ansiedade cresce a cada dia. Por este motivo, considero que tenho a responsabilidade de compartir o que aprendi sobre o tema, em especial, por ter sido testemunha da melhoria lograda por aqueles que o aplicaram. Não somente encontram sossego nesta obra aqueles que sofrem de ansiedade, como também aqueles que pretendem combater o stress diário. Aqui encontrarão conselhos muito práticos e simples para viver uma vida com total serenidade.

Imagine o maravilhoso que seria uma vida livre de stress! Sentir uma tranquilidade constante e saber enfrentar com paciência e de forma positiva os desafios diários. Quantos de nós gastamos enormes quantias de dinheiro em profissionais, medicamentos e terapias alternativas com a esperança de encontrar a solução para nossa ansiedade. Entretanto, todos estes métodos partem da premissa de que existem circunstâncias negativas e que devemos aprender a lidar com elas.

A ideia original e pioneira deste livro é que na verdade não existem circunstâncias. Nós devemos compreender que tudo que nos ocorre é parte de um plano Divino que está concebido até em seus mais mínimos detalhes.

Isto significa que não podemos passar a vida fazendo dos outros os responsáveis pelo nosso comportamento. Quando entendemos, com a devida propriedade, que o Criador sabe com exatidão o que podemos lograr e quais desafios temos que enfrentar para poder fazer reluzir nosso potencial, então, vemos a vida como uma oportunidade de transcender e superar-nos. No lugar de considerarmos a nós mesmos como vítimas das circunstâncias externas, conseguimos o poder necessário para assumir o controle de nossas vidas.

Este livro demonstrará que a ansiedade em si mesma não é uma maldição, senão, bem ao contrário, é uma **benção disfarçada.**

Queria compartir contigo uma resposta dada pelo Rebe de Lubavitch a uma pessoa que se queixava dos sofrimentos do Povo Judeu:

Pensemos em um individuo que cresceu na selva e nunca viveu na civilização como reagiria se o levassem a uma sala de cirurgia e presenciasse uma operação? Com toda certeza, ao ver um homem mascarado cortando a outro, iria acreditar tratar-se de um crime. Queixar-se-ia ruidosamente e trataria de chamar a polícia para denunciar esta atrocidade. Se tentassem lhe explicar que na realidade se trata de uma pessoa boa e que o outro lhe pagou uma enorme soma de dinheiro para que lhe "cortasse", não conseguiria entender.

Da mesma maneira, nós nos queixamos de D-us e criticamos Seu comportamento. Mas deve-

mos recordar que somos similares a este homem que vive na selva: Não podemos esperar compreender o Criador, e tampouco podemos assumir que o que não entendemos é ruim.

O mesmo que o Rebbe descreve na sua resposta acontece com a ansiedade. O fato de não entender qual é seu propósito, nos leva a concluir apressadamente que se trata de um problema. A partir da leitura deste livro, você irá descobrir que esse problema pode ter sido o melhor que poderia ter lhe acontecido. Você vai ver que se trata de uma oportunidade para superação pessoal, crescimento e para transcender todos seus limites.

Quis começar explicando como funciona a ansiedade. Quando uma pessoa faz exercício, seus músculos se tonificam e ela fica cada vez mais forte. O mesmo ocorre com a ansiedade. Os pensamentos negativos que você está sentindo se fortalecem quando você se prende a eles. Quanto mais atenção você der a eles e quanto mais legitimidade lhes conceda, mais vão se intensificar. A ansiedade não é um monstro que te ameaça com a destruição da sua vida, é somente o resultado da sua negligência.

Se conta que um dos discípulos do Maguid (predicador) de Mezritch perguntou ao seu mestre como poderia se libertar dos maus pensamentos que o atormentavam. O Maguid lhe enviou a casa de um de seus seguidores, o Rabí Zeev de Zhitomir. Quando o aluno chegou ao seu destino, começou a golpear a porta, mas ninguém lhe abriu. Depois de vários minutos, começou a golpear mais forte, mas foi em vão, não obteve resposta. Assim se passaram as horas até o início da madrugada. Finalmente, a porta se abriu, e o aluno entrou na casa do Rabí Zeev tremendo de frio. Passaram juntos vários dias e o aluno ainda não compreendia qual a intenção do Maguid ao envia-lo ali. Antes de partir, ele confessou ao rabino o propósito de sua visita, dizendo-lhe: "Na realidade, ignoro por que o Maguid me enviou até você". Rabí Zeev retrucou: "Ele te enviou para que aprendas que o homem manda na sua casa, e a quem não quer, não tem que deixar entrar!".

A moral é clara, ansiedade é o resultado da falta de governo em nosso lugar, em nossa mente e em nosso coração (que são os lugares de nossos pensamentos e sentimentos mais íntimos).

Por isso, você tem que se recordar que da mesma maneira que a ansiedade surgiu porque você deu espaço aos maus pensamentos, ela também se dissipará quando você os ignorar e não lhes prestar mais atenção.

Na seção da Torá de Vayetzé, lemos como Yaacov abandona a casa de seus pais escapando de Esav.

A Torá relata que em seu caminho a Charán, Yaacov passa a noite no Monte Moriá. Ali ele decide recostar-se e dormir e tem uma visão profética na qual D-us se revela a ele e lhe assegura que não o abandonará, que o protegerá e o abençoará.

Ao despertar e se dar conta de que esse lugar era sagrado, Yaacov ergue um altar como mostra de sua gratidão e em seguida parte a caminho de Charán. No entanto, o versículo que descreve o momento de sua partida, diz: "E levantou Yaacov suas pernas, e partiu em direção a Terra do leste".

Cada palavra que a Torá utiliza é exata. Então por que o versículo diz, "E levantou Yaacov suas pernas", ao invés de dizer simplesmente, "Yaacov se levantou e se dirigiu..."? O comentarista principal da Torá, Rashi, explica que quando Yaacov recebeu a excelente notícia de que D-us estava com ele e o protegeria, sentiu no fundo de seu coração uma imensa alegria e esbanjou tanta energia que pode levantar seus pés do solo com a motivação.

Meu desejo é que cada página deste livro seja para você uma grande notícia de esperança, inspiração e energia. E assim, que você possa levantar suas pernas em direção a uma vida onde a ansiedade não corrompa seus dons e qualidades, senão que os catapulte e os desenvolva da melhor maneira possível.

A resposta a todas as doenças que existem se encontra na nossa sagrada Torá. Sem importar tudo o que tenham lhe dito acerca da distorção que enfrentas, deves saber que a única solução está na Sabedoria Divina. O frescor dos seus ensinamentos inundará seu coração de força positiva, sentirás como se a atmosfera pesada se evaporasse e ressurgirás com vigor renovado.

Eu rogo ao Santo, Bendito Seja Ele, que este livro satisfaça a sede da sua alma e te ajude a remover todo o rastro de ansiedade ou depressão a fim de encaminhá-lo a uma vida livre de stress e cheia de sentido.

Nota do autor

Dois comentários, antes de começar.

A fim de preservar a identidade das pessoas cujo exemplos de vida tomo, os nomes utilizados neste livro são fictícios.

Ao finalizar cada capítulo, encontrará uma carta do Rebbe de Lubavitch.

Gabriel Benayon

Capítulo 1

Minha história

A ideia de compartilhar minha experiência sobre este difícil processo, pretende, principalmente, criar um nexo e uma sincera aproximação em todas as pessoas que atravessaram situações similares, e assim incutir coragem para superar estes momentos.

Vou te contar minha história pessoal a respeito da ansiedade para que você saiba que não está sozinho e que existem muitas outras pessoas passando pelo mesmo. O processo que você está atravessando, eu também já sofri.

Nossos mestres nos ensinam: “Não existe homem mais sábio do que aquele que enfrentou um desafio”. Isto significa que, apesar de podermos adquirir grande sabedoria estudando e lendo livros, o conhecimento que alcançamos quando superamos uma prova em nossa vida é infinitamente superior.

Em 2000, eu estudava em uma yeshiva (seminário de estudos judaicos) na cidade de Tzfat, Israel. Minha intenção era aplicar no ano seguinte para uma bolsa de estudos em uma yeshiva famosa em Morristown, New Jersey. Não era uma tarefa fácil, tanto em termos economicos como acadêmicos, mas eu tive muitas boas recomendações de rabinos de Israel e consegui ser admitido.

Eu estava transbordante de alegria, todos ao meu redor podiam perceber. Havia sido admitido em uma das melhores instituições destinadas a desenvolver meu potencial como guia comunitário, e este era um dos desejos mais íntimos que eu tinha.

O ciclo de estudos começava no término da festividade de Sucot, em torno dos fins de

Outubro, mas no entanto, por certas circunstâncias, não consegui chegar a tempo.

Era Setembro de 2000, antes das Grandes Festas, e eu estava visitando minha família em Montevideo. Um dia, ainda recordo com muita claridade o que passou, minha irmã chegou muito agitada e nos disse que havia aparecido uma protuberância no pescoço. De imediato, nos demos conta de que era possível que podia se tratar de um tumor.

Era necessário marcar uma consulta com um profissional com urgência. Uma vez que visitamos o médico, ele confirmou nossas suspeitas e indicou uma intervenção cirúrgica. Iniciaram os preparativos para a operação com extrema rapidez.

Como era de se esperar, os dias que antecederam a cirurgia da minha irmã Sabrina, que nesta época tinha apenas 17 anos, foram muito angustiantes para toda a família, mas por fim, seis semanas depois, chegou o dia. Minha irmã foi operada e graças a D-us a cirurgia foi um êxito. Mas, no entanto, esta experiência foi o que abriu as portas para que surgissem os primeiros sintomas de ansiedade na minha vida.

Desde o momento em que me inteirei da situação da minha irmã até o dia da cirurgia, minha preocupação foi incessante e só aumentou.

A operação teria lugar duas semanas depois das Grandes Festas, o que quer dizer, em outras palavras, uns 15 dias depois do início dos meus estudos na Yeshiva. Estava confuso, não sabia o que fazer. Por um lado, sentia a responsabilidade de ficar e apoiar a minha família, em especial a minha irmã. Por outro, tinha a minha frente uma oportunidade incrível e sabia que o ideal era iniciar os estudos na data estabelecida.

Invadido por estas dúvidas, decidi consultar uma autoridade rabínica, mas isto não me foi de grande ajuda. O rabino me disse que ele não podia escolher por mim, e que eu deveria tomar minha própria decisão.

Eu dizia a mim mesmo: "Devo estar presente", "Não posso simplesmente ir como se fosse alguém insensível e dar as costas a minha família".

Ao mesmo tempo, via como meu irmão, que também havia planejado sua viagem a uma Yeshiva em Israel, foi muito mais decidido do que eu. Ele pensou com frieza e concluiu que o ideal era iniciar seus estudos em tempo, mas nos assegurou que no dia da cirurgia viajaria ao Muro das Lamentações para rezar por ela.

Eu não tive esta mesma visão e optei por ficar e atrasar o começo dos meus estudos. Hoje reconheço que o verdadeiro motivo pelo qual decidi ficar não foi somente para acompanhar minha família, senão porque sabia que se a operação não tivesse sido exitosa, não teria podido me perdoar.

Finalmente, parti para a yeshivá em Nova Jersey com quase três semanas de atraso. Desde o começo, foi uma experiência muito difícil. O fato de ter chegado tarde me pôs em uma situação complicada. Por um lado, tinha que me adiantar nas classes de Guemará (outra forma de denominar o Talmud); ao mesmo tempo, que por outro lado tinha que me acostumar a ter as lições em idish (dialeto judaico). E como se isso fosse pouco, com o passar dos dias tudo se complicou ainda mais.

Era uma quinta-feira à noite, me recordo que despertei muito agitado. Havia tido um pesadelo terrível em que via a tristeza dos meus pais diante da desafortunada notícia de que minha irmã já não estava conosco (D-us nos livre). No sonho esta cena se via muito real. Levantei da cama. A princípio, me encontrei intranquilo, mas logo entendi que se tratava de um sonho mau e decidi voltar a dormir.

Assim que consegui me reconciliar com o sono, esta terrível imagem ressurgiu na minha mente; e o mesmo ocorreu naquela mesma noite mais três vezes: despertava e quando voltava a dormir, a mesma cena retornava para me atormentar.

Na manhã seguinte, assim que acordei, corri para chamar meus pais em Montevideu para lhes perguntar sobre a saúde da minha irmã Sabrina. Meu pai atendeu ao telefone e ao perceber minha preocupação me perguntou se eu estava bem. Respondi a ele que sim, que desejava saber como ela se sentia. Meu pai me respondeu que graças a D-us estava muito bem. Mas, no entanto, mesmo depois de escutar isso, me sentia ansioso e necessitava checar por mim mesmo, assim pedi que a colocasse na linha.

Ao tomar a chamada, ela se surpreendeu muito. Ela me escutava muito preocupado e não conseguia entender o porquê. Eu a atormentava com uma infinidade de perguntas sobre seu estado de saúde. Ela insistia que tudo estava bem e que não havia porque se preocupar, mas meus temores persistiam.

Quando desliguei o telefone, me dei conta de que algo não estava bem comigo mesmo, que não era o mesmo de sempre. Me sentia angustiado sem nenhuma razão aparente. Meus pais e minha própria irmã me haviam assegurado de que tudo estava caminhando de forma excelente, mas apesar de seus comentários meus medos eram cada vez mais intensos. Somente o fato de recordar do terrível pesadelo da noite anterior, me fazia derreter em lágrimas.

A partir deste dia, conciliar o sono durante as noites foi uma missão impossível. Meus companheiros não compreendiam o que estava me ocorrendo. Me sentia muito mal. De repente, comecei a sofrer tonturas muito intensas, sentia que a qualquer momento poderia desmaiar e não sabia o que fazer para me acalmar.

Tudo ao meu redor me parecia muito estranho, como se estivesse vendo um filme projetado frente aos meus olhos, mas do qual fazia parte. Recordo esse sentimento de vazio que sentia na minha alma e na mente, como se estivessem em branco. Sofria mudanças bruscas na temperatura corporal, suava de forma extrema e tinha falta de apetite. Inclusive, os melhores pratos me pareciam insípidos, como se meu paladar se encontrasse letárgico.

Era evidente que algo não estava bem comigo. Jamais havia me sentido desta forma, assim com muita tristeza, decidi que deveria regressar para minha casa e conseguir ajuda profissional.

Antes do meu regresso, optei por visitar um médico para ver se ele podia me dizer o que estava se passando e como eu deveria proceder. Recordo que me recomendou ir a um psiquiatra. Consciente do terrível que me sentia, aceitei sua indicação.

O psiquiatra que me atendeu se deu conta de quão mal eu estava e me receitou um medicamento que – em sua opinião – poderia diminuir os sintomas para que minha viagem a Montevideu fosse mais suportável.

Apesar do objetivo desta medicação, esta viagem foi uma das experiências mais desafiadoras que eu já vivi. As pílulas me faziam me sentir desorientado e aturdido, mas não combatiam os sintomas.

Cheguei em casa e recebi todo o apoio dos meus queridos pais, e claro, marcamos de imediato uma consulta com uma psiquiatra que nos recomendou um amigo da família.

Quando chegou o dia, eu fui à consulta. Me sentia otimista. O apoio dos meus pais e amigos me proporcionava muita tranquilidade e confiança. A doutora conversou comigo durante um bom tempo; até que por fim, me diagnosticou com um transtorno de ansiedade e me receitou uma série de medicamentos.

Ainda me recordo deste dia vividamente: ao sair do consultório, meu pai me pediu que eu pegasse e passasse para ele a receita médica. Assim que o fiz, ele a amassou e a lançou com força a um cesto de lixo, e me disse com determinação:

Gabriel, você não vai tomar absolutamente nada! A cura que você necessita deve vir de você.

A princípio a decisão do meu pai foi muito dura para mim. Era como se ele estivesse exigindo que eu levasse uma carga mais pesada do que o que eu podia suportar. Apesar disso, a intensidade de suas palavras e sua fé na minha capacidade de superar-me me encheram de esperança e convicção.

Vendo em retrospectiva, posso reconhecer que sua atitude me obrigou a me esforçar e fez com que eu tivesse a coragem necessária para vencer minha ansiedade. Além disso, me dou conta de que para mim os remédios teriam sido a desculpa perfeita. Teria sido mais simples me rotular de "doente" e me considerar vítima das circunstâncias do que tomar a resolução de lutar com todas as minhas forças para combater este sofrimento.

No dia seguinte da minha consulta com o psiquiatra, uma pessoa próxima a minha família sugeriu aos meus pais que eu fizesse uma análise das glândulas tireoides, porque em algumas ocasiões o mau funcionamento delas pode originar stress e ansiedade. Aceitamos seu conselho e fomos consultar um endocrinólogo.

A doutura, uma especialista, realizou um ultrassom e determinou que as minhas tireoides não estavam funcionando da forma correta. Imediatamente, passei a tomar os medicamentos necessários. Nos dias que se seguiram, concluímos que a tireoide era a raiz dos meus mal estares e a ansiedade foi desaparecendo paulatinamente.

Foi somente o mau funcionamento das tireoides que havia produzido estes sintomas? Seria possível que a medicação que me haviam receitado fosse a cura da minha doença?

A princípio pensei que era assim, mas depois de me consultar com uma série de profissionais descobri que, apesar de meus exames das tireoides mostrarem uma pequena anomalia, não era racional assumir que somente isso tenha sido a causa da minha ansiedade.

Por fim, compreendi o que havia ocorrido: como supus que somente se tratava de um problema com as tireoides e segui o tratamento indicado, comecei a ignorar a ansiedade e rechaçar os pensamentos que a fortaleciam. Assim, ela foi se debilitando até desaparecer totalmente.

Esta atitude que eu adotei é o que a filosofia chassídica denomina *Eisech HaDaat,* literalmente, "Remover a atenção". Esta é considerada a prática ideal para se livrar dos medos associados com a ansiedade.

A sabedoria chassídica ensina que os sentimentos nascem do pensamento. A atenção que colocamos neles produz sentimentos mais intensos e os fortalece. Por conseguinte, ao remover nossa atenção – Eisech HaDaat – cortamos o cordão umbilical que os alimenta e drenamos sua vitalidade até conseguir que se debilitem e desapareçam por completo.

EXERCÍCIO 1

Objetivo: Ocupar a mente com um passatempo para mudar os pensamentos negativos e trocá-los por pensamentos produtivos e positivos.

Atividade: Buscar alguma atividade que sempre tenha sentido vontade de fazer, como por exemplo, aprender a tocar um instrumento, aprender a cantar, fazer um curso de fotografia, estudar um idioma. Encarar com entusiasmo. Faça um registro das sensações que esta nova ocupação produz em você.

Carta 1
"O valor do vazio"

Uma agulha hipodérmica tira o sangue com o propósito de levar a cabo o diagnóstico e o tratamento. Não obstante, não é a agulha que tira o sangue das veias, é o próprio vazio da seringa.

Uma das lições que há por trás disto é que o valor do vazio pode ser extremamente relevante para a pessoa que se considera a si mesma, "vazia ou indigna" de ter êxito no serviço Divino.

Um recipiente vazio pode absorver com maior intensidade que um cheio. Do mesmo modo, a pessoa que está à mercê de suas próprias deficiências pode ser motivada com mais firmeza a estudar e fazer correções positivas que sejam necessárias. De maneira similar, quando nos encontramos em uma situação na qual existe alguma espécie de ausência ou perda, não é necessário nos sentirmos abatidos. Ao invés disso, devemos aproveitar o vazio mesmo como ímpeto para alcançarmos um logro ainda maior.

Capítulo 2

Um gigante com pés de barro

Ver para crer! Nós, seres humanos, estamos acostumados a determinar a realidade das coisas segundo sua aparência. Se nos dizem que as aparências enganam, assumimos que somos a exceção, que nós temos o dom de ver com maior profundidade e que se vemos assim, com certeza, tem que ser real.

A ansiedade é uma distorção sobre si próprio, os demais, o mundo e o futuro. Isso significa que os fatos são interpretados de forma irracional, dá-se aos acontecimentos uma importância maior do que de fato possuem e se exagera no impacto que eles causam em nós. Isto faz com que aquilo no que cremos nos levem a nos desadaptarmos e que nosso juízo crítico se veja afetado.

As distorções ocorrem por aprendizado de experiências passadas. Quando somos pequenos construímos esquemas ou formas de como funciona o mundo que se baseiam em nossas vivências. Ao passo que convivemos com os acontecimentos, esta interação nos dá a pauta de como os avaliamos.

A ansiedade é uma distorção da realidade. O que significa que muda a realidade, a exagera, a tal ponto que deixa de ser a mesma que percebíamos originalmente. Quando finalmente compreendemos isto, deixamos de acreditar no que estamos vendo.

Sim! Sua ansiedade se apresenta como um gigante indestrutível e te faz se sentir impotente. Frente aos teus olhos se desenvolve uma batalha épica: o grande gigante Golias contra o indefeso pastor. Mas, da mesma maneira que na história bíblica, David venceu Golias, aqui também o pequeno David tem dentro de si esta faísca Divina que palpita no mais profundo do seu ser, e que o capacita a vencer o Golias que você enfrenta.

A primeira coisa que você deve fazer é arrancar da sua mente e do seu coração a existência deste gigante. Você deve reconhecer que o que está percebendo em seu intelecto, que logo desencadeará e originará sentimentos negativos, não é real.

A ansiedade se desenvolve progressivamente e piora de forma gradual. A princípio, os pensamentos negativos produzem sentimentos negativos. Na sequência, estes sentimentos se retroalimentam dos pensamentos e como consequência, nossa mente produz ideias mais aterradoras. Assim é como a ansiedade vai aumentando, pouco a pouco.

À medida que a ansiedade cresce e se converte em um Golias, aparentemente indestrutível, a pessoa se sente diminuída, pequena e insignificante. É uma questão de perspectiva:

Frente a esse tremendo gigante que me espreita, sou muito pequeno.

A ansiedade leva a deixar de acreditar em você mesmo e no supremo potencial que se possui. Ela drena a integridade que se requer para vencê-la.

Para ilustrar este conceito, quero te contar uma história que escutei de um amigo. Ocorreu com um dos emissários do Rebbe de Lubavitch:

Devido a sua shlichut (serviço comunitário) esse shaliach havia contraído enormes dívidas financeiras e não estava em condições de salda-las, até que chegou o dia em que teve de enfrentar a situação e foi citado por aqueles que lhe haviam emprestado o dinheiro, a fim de que pagasse o que devia. O rabino estava nervoso, pois não sabia como conseguir essa quantia de dinheiro.

Ao chegar ao escritório se sentou na sala de espera. Estava muito preocupado. Fechou com força os olhos e pronunciou em seu coração uma simples, mas poderosa oração: "Senhor do Universo, todas as transações que realizei foram com a finalidade de promover o judaísmo e de santificar Teu Sagrado Nome. Rogo Te que me ilumines para que eu tenha êxito e que tudo se solucione da melhor maneira possível".

Com o coração cheio de angústia, abriu os olhos e, neste instante, como se D-us mesmo tivesse acabado de escrever, viu um pôster pregado na parede que dizia: "Don tell your G-d how big are your problems, tell your problems how big is your G-d" [Não diga a teu D-us quão grande são teus problemas, diga a teus problemas quão grande é teu D-us]. De imediato, sentiu uma força indescritível e entendeu como todos estes problemas eram insignificantes frente a um D-us tão grande. Compreendeu que mesmo o gigante mais extraordinário é infinitamente pequeno diante da grandeza infinita do Criador.

Este é o primeiro passo: trazer D-us para perto de você, ter plena consciência de Sua Existência e de Sua proteção, e assim como que por mágica, o gigante se converterá em um anão.

Entretanto, aqui não termina nosso trabalho. Agora que conseguimos fazer com que o gigante diminua de tamanho, é necessário reunir toda nossa força de vontade com o objetivo de vencê-lo.

Eu gostaria de compartilhar com vocês mais uma história. Esta é diferente, por que mais do que nos mostrar como reduzir o gigante Golias que nos enfrenta, nos mostra o gigante David, o verdadeiro gigante. A rigidez da alma e uma férrea convicção. O fato de que quando revelamos nosso verdadeiro ser, nada pode se interpor entre nós e nosso objetivo; como dizem os Sábios, "Nada se interpõe frente a vontade".

Aconteceu na manhã de 18 de julho de 1994. Muitos de nós recordamos com tristeza a terrível tragédia que teve lugar neste dia. Na Argentina, um grupo de terroristas havia colocado explosivos na Associação Mutual Israelita Argentina (AMIA).

Meu pai, que a esta altura ignorava o ocorrido, se dirigiu como de costume ao seu pequeno negócio. Depois de abrir a loja, e na falta de clientes madrugadores, ligou a televisão para escutar as notícias.

Foi neste instante que se inteirou do atentado. Meu pai, perplexo diante das imagens e com uma sensação de luto, amargura, tristeza e impotência, decidiu que algo deveria fazer. Mas o que ele poderia fazer se estava no Uruguai e o atentado acontecera no país vizinho?

Durante o intervalo comercial, foi anunciado que naquela mesma noite se disputaria uma das partidas mais importantes do Torneio de Basquete Uruguaio. A disputa seria entre a equipe da comunidade judia, Hebraica e a equipe de Cordón.

Meu pai ficou chocado. "Isso é loucura!", exclamou. "Deve haver um erro! É impossível e *assombroso que depois de uma terrível tragédia, instituições judaicas, como Hebraica e Macabi, se prestem a jogar um jogo de esportes."*

De imediato, estabeleceu contato telefônico com o presidente da Associação Macabi para manifestar seu descontentamento. Este, entretanto, lhe respondeu que embora estivesse totalmente de acordo, não tinha a autoridade necessária para mudar a data da partida.

Diante de sua resposta, meu pai revolveu céus e terra para conseguir o telefone do presidente da Federação Uruguaia de Basquete. Durante a conversa que mantiveram, lhe explicou que diante do sucedido a comunidade judaica se encontrava de luto e que, como o Macabi é uma instituição judaica, a partida deveria ser suspendida em honra as vítimas do atentado.

O presidente lhe contestou que apesar de entender seu ponto de vista era impossível para ele suspender o jogo. Finalizando a conversa disse: "Se você considera que o jogo deve ser suspenso, vá ao estádio alguns minutos antes da partida começar, reúna os jogadores e apresente seu inconformismo".

Quando desligou o telefone, meu pai ficou pensando na resposta desafiadora e irônica do presidente da Federação e imediatamente compreendeu que esta era a solução. Ele não ficaria tranquilo até saber que havia feito tudo que era possível. As vidas destes judeus mereciam muito mais de sua parte. Permaneceu alguns momentos refletindo em silêncio e se deu conta de que a solução estava em suas mãos.

Sem titubear, se dirigiu determinado até a porta. Minha mãe lhe perguntou assombrada: "Aonde você vai a esta hora da noite?" e ele respondeu "vou ao estádio suspender a partida"!

As quatro ruas que separavam a minha casa do ginásio foram como os três passos que um nadador dá no trampolim antes de saltar na água.

O impulso dele era tão grande que nem os seguranças que ficam na porta pegando os ingressos conseguiram detê-lo. Quando pediram que ele lhes mostrasse sua entrada para o jogo, ele simplesmente respondeu: "Não vim ver o jogo...vim suspendê-lo"!

Assim foi como meu pai chegou à quadra, onde os jogadores se preparavam para começar o jogo.

Você acreditaria se eu te dissesse que ele encontrou um estádio lotado de torcedores e assim mesmo falou com os jogadores que não era correto realizar a partida? Como dizem nossos sábios, "Palavras que saem do coração, entram no coração".

Depois de conversar com eles por um tempo, todos os jogadores decidiram que, por respeito as vítimas, a partida não deveria se realizar. O público não entendia o que estava se passando, mas imaginaram que aquele senhor de barba e kipá tinha algo a ver com isso.

Esta história é muito valiosa para mim, não somente porque passou com meu pai, senão porque demonstra a tenacidade da alma, o poder de convicção e o alcance da vontade.

EXERCÍCIO 2

Objetivo: Aumentar a autoestima pessoal. Atividades: É importante que você recupere a fé em si mesmo. Que tenha confiança e valorize suas possibilidades. Ajudar os outros é o princípio do caminho. Por isto, te proponho:

a) Acompanhar pessoas doentes. b) Visitar um asilo da terceira idade. c) Encontrar alguém que necessite de você e lhe perguntar como pode ajudá-lo.

Anota suas percepções e registre suas sensações internas logo depois de realizar as tarefas.

Carta 2
"D-us está comigo, não temerei!"

Depois de uma pausa em que não recebi mais correspondências suas, me deixa muito satisfeito receber sua carta de 8 de Kislev na qual você escreve sobre a melhora no seu estado de saúde.

Concordo com a opinião do professor que disse que seu problema decorre de ansiedade e angústia

(Agmat nefesh). Para ser mais preciso, ele deriva em algum grau de falta de confiança em D-us (Bitachon). Este, não só cria o mundo, mas o conduz e Sua providência estende-se a todos os detalhes da vida de um judeu.

Quando você refletir sobre isso, seguramente se convencerá do seguinte: "D-us está comigo, não temerei"! O que pode fazer o homem? Tanto é assim, que ao se achar em uma situação precária, o Rei David disse: "Não temerei nenhum mal, porque sei que Estás comigo". Por conta deste nível de Bitachon, David pode se sobrepor a todo tipo de adversidade.

Capítulo 3

O motor da ansiedade

Nos capítulos anteriores, estivemos discutindo como deve ser nossa atitude diante da ansiedade e qual o enfoque correto que devemos utilizar para vencê-la. Não obstante, agora temos que entender qual é o seu motor e de onde se originam os diversos sintomas que a caracterizam.

Em primeiro lugar, devemos reconhecer que a ansiedade não é intrinsecamente negativa. Na realidade, cada experiência de nossa vida possui certo nível de ansiedade. Algumas situações geram um nível baixo e outras produzem uma ansiedade elevada, mas nem sempre esta é destrutiva. De fato, quero demonstrar como, em certas ocasiões, esta permite ao indivíduo descobrir um imenso potencial que nasce no mais profundo do seu ser.

Aconteceu quando eu tinha sete anos. Meu irmão e eu nos encontrávamos num domingo à tarde no parque jogando futebol com nosso grupo de amigos. Eu sempre fui aficcionado neste esporte e minha posição preferida era a de goleiro. Este dia, enquanto protegia o gol, me passou um pensamento: "O próximo jogador que se aproximar da meta, vou lhe cometer uma falta, para que ele tenha que cobrar um "pênalti" e assim, demonstrarei toda minha destreza como goleiro". Lamentavelmente, as coisas não se aconteceram como eu esperava. O jogador que vinha com a bola era meu irmão menor, eu me aproximei o mais que pude, e tal e qual havia planejado na minha mente, cometi uma falta. Tudo aconteceu com muita velocidade, e eu não me dei conta da gravidade dos meus atos.

Até o dia de hoje, ainda ressoa nos meus tímpanos, o grito desesperado do meu irmão quando viu seu braço esquerdo pendurado da pele e o osso que liga a mão ao braço rompido em dois. Aquela imagem continua indelével na minha memória.

Este parque estava localizado a duas quadras da casa dos meus tios, onde meus pais estavam passando um tempo. Recordo que sem titubear, levantei meu irmão e o levei em meus braços até ali. Passei por estas duas quadras como se fossem três passos. Ao chegar, meu irmão foi transladado de urgência ao centro de saúde mais próximo e depois de várias operações conseguiram reacomodar o braço. Uma vez que regressou a casa são e salvo, todos passaram a questionar os fatos: "Como é possível que Gabriel, uma criança de apenas sete anos de idade tenha conseguido carregar seu irmão de seis anos por estas duas ruas com tanta facilidade?" Neste mesmo momento, minha irmã de tão somente cinco anos, assombrada com minha mostra de coragem e fortaleza, me pediu que a levantasse, porém não consegui fazê-lo.

Quando tive a oportunidade de refletir acerca do ocorrido, entendi que no instante em que uma pessoa enfrenta um desafio, surgem de seu interior forças que ela mesma ignorava ter.

Considero que é fundamental distinguir entre duas categorias de ansiedade. Uma é a "ansiedade natural", a outra é a "ansiedade infundada".

A ansiedade natural é a resposta normal e espontânea frente aos estímulos que se apresentam. Se uma pessoa está fugindo de um leão, então, sua ansiedade natural se encarrega de acelerar seu ritmo cardíaco, o que lhe facilita correr mais rápido; além do que, aguça os sentidos que facilitarão sua fuga.

A ansiedade infundada, como seu nome já indica, é injustificada. Seria como o caso daquela pessoa que imagina que está sendo perseguida por um leão e seu organismo reage de forma correspondente. Esse indivíduo começa a produzir palpitações, seus instintos se aguçam, mas a grande diferença é que o leão não existe. Portanto, o grau de ansiedade nunca diminui. Nestes casos, a pessoa que padece de ansiedade infundada não reconhece que o leão é fictício e que sua interpretação da realidade está distorcida.

A ansiedade natural é efetiva e nos permite responder melhor as circunstâncias. Por sua vez, a ansiedade infundada nos ocasiona paralisia e instabilidade emocional.

Mas o que é que permite que surja a ansiedade infundada? Muito provavelmente se trata da validade que atribuímos a nossos pensamentos negativos. Quando um mal pensamento aparece em nossa mente, somos nós quem decidimos sua veracidade e objetividade.

O positivo da ansiedade natural é que ela é realista. O problema da ansiedade infundada é precisamente que a realidade não justifica estarmos ansiosos e, por conseguinte, as mudanças que se produzem em nosso organismo são em vão. A aceitação destes pensamentos e nosso convencimento de que representam uma ameaça real são a causa de que a ansiedade cresça sem moderação e deixe de ser uma resposta ocasional para converter-se em um estado constante.

Na sabedoria chassídica se menciona o conceito de *Dáat*. Normalmente é traduzido para português como "compreensão". No entanto, é mais do que isso. Esta faculdade intelectual representa a aptidão de fundir nosso intelecto com uma ideia específica e de nos unirmos intimamente com este conceito, a tal ponto que se produzem sentimentos correspondentes.

Em outras palavras, quando meditamos com profundidade em uma ideia e nos vinculamos a ela com todo nosso ser, fixando toda nossa atenção nesse conceito, é inevitável que emergir sentimentos de acordo com a natureza da ideia em questão. Se trata de uma ideia acolhedora e positiva, essa contemplação produz sentimentos de amor e apreço. Se o tema em questão está relacionado com o perigo, então, surgem emoções de temor e distanciamento. É por esta razão que no sagrado livro do Zohar, *Dáat* é denominada "A chave que incorpora seis". Pois existem seis atributos emocionais que forjam nossa relação com o Criador, e *Dáat* é a chave destas emoções. Ao nos relacionarmos intimamente com um conceito e ligar nosso intelecto a ele, sem dúvida, produziremos diferentes emoções, que são as que nos proporcionam vitalidade e fervor em nossa relação com o Santo Bendito Seja.

Não obstante, *Dáat* pode ser incentivado também por nossa má inclinação. Como por exemplo, quando introduzimos em nossa mente pensamentos obsessivos acerca de questões alarmantes e centramos toda nossa atenção neles. Esta má tendência consegue plantar tristeza e preocupação no coração e depois se aproveita desta debilidade emocional para nos fazer cair em depressão e nos drenar de vitalidade. Desta maneira, evita que possamos cumprir nosso trabalho neste mundo.

Quero te mostrar com maior clareza o papel de *Dáat* na nossa vida e como a má utilização desta poderosa ferramenta pode desencadear problemas muito sérios:

Conta-se a história de um homem que desejava alcançar iluminação espiritual. Cansado dos afazeres cotidianos e das preocupações triviais, decidiu viajar ao Extremo Oriente para começar uma busca ao seu verdadeiro ser interior.

A princípio se dedicou persistentemente a transcender seu ego. Dia a dia, se esforçava por colaborar com as pessoas ao seu redor em tudo que era necessário. Não obstante, apesar do seu veloz ascenso espiritual e a conseguinte paz interior que estava logrando, este homem possuía em seu coração um temor muito forte. Por razões inexplicáveis, sofria de um medo atroz de ser mordido por uma espécie muito venenosa de cobra. Ainda que não era seu objetivo se preocupar por algo tão inusual, ele vivia com este pânico oculto.

Certo dia estava caminhando em direção a sua casa quando de repente sentiu uma mordida. Temendo o pior, se apressou a matar a cobra com seu sapato. De forma imediata, começou a desenvolver sua ansiedade: "Como é possível que ocorreu esta desgraça? Eu, um homem de bom coração, que me dedico a ajudar aos meus semelhantes, como pode D-us me fazer isso!?" Os pensamentos se desataram sem pausa. "Sinto que o veneno está penetrando nas minhas veias, posso notar que meu coração está batendo muito rápido, e que estou suando demasiadamente", e em poucos segundos desmaiou.

Um automóvel que passava por ali, ao ver o homem atirado no chão, rapidamente o levantou e o levou a sala de cirurgias do hospital mais próximo. Não obstante, enquanto os doutores se preparavam para tratá-lo, o homem faleceu.

Os doutores decidiram investigar o caso de todas as formas, e para sua enorme surpresa, descobriram que não havia veneno no sangue deste homem. A cobra que o havia mordido não era letal.

Mais tarde, se comprovou que foi sua ansiedade e sua obsessão que envenenaram seu organismo, e não a cobra.

Esta história nos demonstra o poder da *Dáat* quando é explorado pela má inclinação. O fato de ficarmos obsessivos com uma ideia e de estarmos seguros de que ela é real a converte em nossa realidade, e pode verdadeiramente acabar conosco.

O problema é que nós nos detemos em um detalhe de uma situação e nos centramos nele com lentes de aumento, ignorando a sua totalidade e deduzimos que este único fragmento define toda a nossa existência.

A solução está em remover nosso *Dáat*. Se o problema começa quando se afirma em questões negativas, então, a maneira de retificar o dano é removendo-o. Os mestres chassídicos denominam esta atitude de *"Eisej HaDáat"*, que significa "Remover o *Dáat*".

Estamos acostumados a ideia de que somos unidimensionais, entretanto, a realidade é que possuímos uma fragmentação interior. Segundo o que ensina a sabedoria esotérica, temos duas almas.

Uma delas é, "uma porção de D-us do Alto", é a fonte e a raiz de nossa aspiração por nos reunirmos com o Ser Divino. A outra representa os caprichos do ego, a inclinação e a vontade de somente prover-se de satisfações e desejos pessoais; seu caráter natural é correr atrás do materialismo, como um animal, cujos interesses são somente comer, dormir e saciar suas necessidades físicas. Não obstante, da mesma maneira que o individuo, esta possui inteligência, mas utiliza seu intelecto apenas para satisfazer seus desejos e inventar estratégias a fim de aumentar sua honra e grandeza. Quando algo importante lhe é requerido, se justifica com todo tipo de argumentos.

Diante desta divisão interna, muitos dos pensamentos e sentimentos que temos não se originam em nosso ser verdadeiro, senão na perspectiva distorcida da alma animal. Por isso, é fundamental entender que estes pensamentos não nos pertencem, não são própios.

O Alter Rebe os compara, a modo de analogia, com um individuo que tenta se concentrar em suas orações enquanto alguém está tentando distraí-lo. Da mesma maneira, declara o Rabino Shneur Zalman, a pessoa deve saber que não é ela quem pensa os maus pensamentos. Quando reconhecemos que são estranhos a nós, e que não descrevem nosso momento atual, esse mesmo descobrimento nos facilita a tarefa de ignorá-los.

Há alguns anos, uma pessoa veio me encontrar. Samuel estava sofrendo já fazia vários meses de uma forte ansiedade. Sofria de diversos sintomas, mas o que mais lhe aterrorizava era o medo de desmaiar subitamente. O mais grave é que este temor surgia quando ele estava dirigindo seu automóvel. Como era uma pessoa familiarizada com as doutrinas do chassidismo, começou a questionar-se com base nos textos em busca de uma resposta. Encontrou que grandes mestres chassídicos, como o Baal Shem Tov, já haviam deixado instruções claras para aqueles que sofriam de problemas similares ao seu.

O ensinamento básico com o qual Samuel topou, indica que a pessoa deve começar a cantar e dançar, como se seu coração transbordasse de alegria. Se o indivíduo argumentava que não sentia vontade de fazer isso, os sábios lhe exortavam que dançasse de qualquer maneira e lhe prometiam que se comportasse como se estivesse feliz, a felicidade emergiria por si própria e a ansiedade se desvaneceria.

Consciente da imensa e profunda sabedoria deles, Samuel optou pôr em prática esta estratégia. A princípio, não foi nada simples, mas ele foi perseverante e com o tempo, começou a se dar conta de como sua ansiedade estava desaparecendo e, ao mesmo tempo, sua alegria crescia de maneira exponencial a cada dia que passava.

Outra forma de conseguir remover o *Dáat* é concentrando-se em temas da Torá. É indispensável que, preferencialmente pela manhã ao iniciar seu dia e ao anoitecer, a pessoa dedique um tempo diário para estudar versículos da porção semanal da Torá junto com alguns textos dos comentaristas. Ao acostumar-se a introduzir em sua vida a luz pura e transparente da sagrada Torá, seu coração será purgado de todo sentimento negativo e a santidade deste estudo lhe trará uma enorme paz interior e uma verdadeira sensação de bem estar.

EXERCÍCIO 3

Objetivo: Acalmar a mente com questões santas e positivas.

Atividade: Escolha um tema da Torá que te entusiasme e estude ele diariamente. Para isso, fixe um momento determinado do dia, um momento em que você se entregue por completo. Reserva um espaço de tranquilidade para que você possa se concentrar. Registre seus aprendizados.

Carta 3
"Mover-se na direção correta"

Em resposta a carta na qual você me escreve sobre seu angustiante estado mental e suas perspectivas melancólicas e pessimistas com relação ao futuro próximo, lhe apresento minha opinião.

Como você deve entender, não aceito em absoluto os fundamentos sobre os quais você baseia suas opiniões e conclusões sombrias e pessimistas. O que quero lhe dizer é que, segundo o meu parecer, seu estado mental negativo é somente temporal, e suas conclusões não têm apoio em nenhuma realidade definitiva.

Em consequência, quanto mais se esforce para erradicar estes pensamentos melancólicos, mais rá-

pido se modificarão seu estado mental e seu ânimo para o bem. Você tem o poder e a capacidade, com total claridade, de ser benéfico não somente para com sua própria pessoa, senão também para com os demais. Não obstante, igual que com qualquer coisa, é necessário esforçar-se para revelar e desenvolver este potencial e transformá-lo em uma realidade, até porque, este é um grau de esforço sumamente capaz de ser alcançado por todos. Quando uma pessoa considera que seus esforços, relativamente leves, a beneficiaram e também, aos demais durante muitos anos, lhe será fácil compreender que seus esforços e empenhos para atingir esta meta, sem dúvida, valem a pena.

Estes benefícios incluem o bem estar espirituais e físicos e trarão consigo uma série de ganhos sem fim. Na maioria dos casos, é impossível modificar radicalmente a estrutura mental de imediato, tampouco é isto que se requere. Bastará que ao receber esta minha carta decida começar a mover-se na direção correta. Ou seja, dar o primeiro passo para levar uma vida ativa e construtiva. Uma vez feito isso, mude pouco a pouco. Um passo conduzirá ao outro. Logo descobrirá que em um período de tempo não muito longo já se encontrará no caminho de uma vida de satisfação pessoal e prazer.

Capítulo 4

Tirem suas máscaras e se darão por vencidos!

Luis viajava em seu automóvel rumo a uma importante reunião de negócios. De repente, se deu conta de que um dos pneus estava furado. Sua primeira reação foi estacionar e verificar a gravidade do dano. Quando inspecionou a situação, percebeu que era necessário trocar o aro afetado o quanto antes possível. O inconveniente era que não trazia consigo um macaco hidráulico para fazê-lo. Depois de contemplar o que havia ocorrido durante alguns segundos, se deu conta de que estava na vizinhança de Roberto.

Luis e Roberto haviam sido grandes amigos durante muitos anos, mas seis meses atrás ocorreu uma situação complicada entre eles que provocou um distanciamento. Luis não sentia a confiança suficiente para aparecer na casa de Roberto e lhe pedir um favor. No entanto, diante da situação angustiante que se encontrava, não tinha outra opção.

Enquanto se dirigia lentamente para a casa de Roberto, Luis se viu invadido por uma série de pensamentos obsessivos: "Roberto e eu estamos brigados; certamente que ele vai se negar a emprestar sua ferramenta; além disso, ele está ressentido comigo por conta daquela discussão; é muito provável que ele se irrite pelo fato de que eu ainda me atreva a ir lhe pedir ajuda".

A cada passo, os pensamentos de Luis o levavam um passo mais perto do desespero. Chegou ao destino e bateu na porta com vacilação. No momento em que Roberto estava parado em frente a ele ,e antes de que pudesse pronunciar alguma palavra, Luis lhe gritou com o cenho franzido e uma atitude desafiante: "Não necessito teu estúpido macaco hidráulico".

Esta historia é uma mostra contundente do que nos ocorre quando deixamos fluir livremente nossos pensamentos obsessivos. É verdade que Luis e Roberto estavam brigados, mas foi a atitude negativa de Luis o que evitou que eles fizessem as pazes.

De igual modo nos ocorre o mesmo quando permitimos que os pensamentos negativos controlem nosso comportamento e terminamos provocando os resultados negativos que desejávamos evitar. Dito de outro modo, a obsessão se encarrega de que aquilo que mais tememos se converta em realidade.

Os pensamentos obsessivos são idéias ou imagens que repetimos muitas vezes. Isto ocorre quando temos posta a atenção em algo de forma extrema e, a sua vez, excluímos o resto das informações que nos rodeiam. Estes pensamentos tem a particularidade de serem indesejados e automáticos, portanto, é difícil lidar com eles. Para aliviar o incômodo, procuramos controlá-los ou preveni-los, lutamos contra eles, mas isto só acaba por incrementar sua aparição, e o mal estar se exacerba.

Se realmente desejamos nos livrar da negatividade, o primeiro que devemos fazer é impugnar os pensamentos que a geram. Porque as pessoas aceitam os pensamentos negativos e além de tudo, lhe atribuem validade? Acaso é tão difícil notar que são fictícios e representam uma distorção?

O problema é que estes pensamentos surgem de nós mesmos, então, como é a nossa própria mente que origina estes pensamentos, nos custa ignorá-los. É a nossa confiança em nós mesmos que nos leva a atuar desta maneira. Nossos pais investiram muito esforço em nos ensinar a acreditar em nós mesmos. E esta é também a razão pela qual sempre conseguimos justificar nosso comportamento.

Partimos da premissa de que somos pessoas valiosas, por onde, fica simples explicar por que nos conduzimos de determinada maneira sem que nos importe a gravidade de nossos atos. O principal argumento que utilizamos e para nosso grande pesar é aceito inclusive nas cortes legais é, "as circunstancias me conduziram a atuar desta maneira".

No entanto, se outra pessoa cometesse a mesma falta, de imediato a julgaríamos e criticaríamos seu comportamento. É fácil ser objetivo quando se trata dos demais, mas no instante que uma má atitude vem de nós mesmos, somos capazes de justifica-la a qualquer custo. O que demonstra isso é que quando escutamos nossos pensamentos negativos, não estamos atentos ao seu conteúdo, se não somente ao fato de que são nossos.

E digo mais, com a minha experiência, posso afirmar que os pensamentos se apresentam até mesmo com o mesmo "tom de voz" com que a pessoa fala. Quando uma pessoa escuta que sua voz está pronunciando uma ideia, antes de examinar sua veracidade, ela já assume que se trata de algo importante e lhe outorga validade.

Não obstante, devemos compreender que nossa identidade está fragmentada. Como dissemos no capítulo anterior, possuímos duas almas, uma que deseja apegar-se a D-us e que possui valores verdadeiros, e outra que se comporta por instinto e persegue a gratificação imediata. Esta é a encarregada dos pensamentos negativos, porque ela sabe que se consegue fazer com que você se sinta ansioso, será muito mais fácil te empurrar para qualquer tipo de vício e conduzir-te pelo caminho dos prazeres banais que tanto deseja.

Portanto, você tem que tomar consciência de que estes pensamentos não são teus. Quando conseguimos entender que não somos nós que estamos gerando estes pensamentos obsessivos e que se trata de uma artimanha da nossa má inclinação, recuperamos a capacidade de ser objetivos e rapidamente nos damos conta de que são fictícios, e que não representam ameaça alguma.

Se conseguirmos distinguir o autor destes pensamentos, se torna muito mais fácil aplicar outro poderoso ensinamento que o Alter Rebe promulgou em seu livro Tanya, citando o versículo dos Salmos, "Se enfureçam e não transgridam". Ele explica que a pessoa deve se enfurecer contra sua má inclinação. Deve tratá-la como ela merece, ou seja, como trataríamos alguém que deseja nos destruir. Devemos gritar-lhe: "Você, ser desprezível, pensa mesmo que não sei o que está fazendo? Me considera tão ingênuo assim para cair na sua armadilha? Você me dá nojo! Acredita mesmo que pode me provocar danos, a mim, um filho do Rei dos Reis, O Santo Bendito Seja Ele? Deveria ter vergonha!"

Encontre suas próprias palavras para intimidar a sua má inclinação. Faça isso com orgulho e valentia. Recorde-se de que ela estava te vitimizando até este momento, mas por fim, você está decidido a desmascará-la e vencê-la.

De agora em diante, a má inclinação não terá mais permissão para invadir sua mente nem seu coração, nem para roubar a paz que você tem lutado tanto para conseguir. Acabou o papel de vítima. A partir deste momento, os maus pensamentos devem saber que não são bem vindos e que serão tratados com a hostilidade que merecem.

Uma estratégia interessante que aprendi quando se trata de lidar com pensamentos negativos me foi transmitida pelo Rabino Eliezer Shemtov (emissário do Rebe de Lubavitch no Uruguai).

Havia um jovem na sua comunidade que estava sendo invadido por pensamentos negativos e obviamente seu estado de ânimo estava decante. O Rabino escutou com atenção sua descrição do problema e em seguida lhe deu o seguinte conselho: Deves tratar o pensamento com astúcia: quando se apresenta em sua mente e demanda sua atenção, deves lhe dizer: "Você é muito importante para mim, mas neste momento me encontro muito ocupado e não vou poder lhe dar a atenção que você merece. Mas de qualquer maneira, te peço que, por favor, volte amanhã cedo, às dez e meia, que com a ajuda de D-us, estarei livre neste momento para te atender como é devido".

Você se surpreenderá quando observar que o pensamento leva a sério suas palavras e efetivamente regressa às dez e meia da manhã do dia seguinte. Então, uma vez mais você tem que impressioná-lo: "Senhor pensamento, me envergonha ter esquecido outra vez nossa reunião, lhe suplico que me desculpe e que retorne esta noite..." Cada vez que o pensamento aparecer, manipule-o dando voltas até que ele se dê por vencido.

O que está ocorrendo é que ao tratar os pensamentos desta maneira, você alimenta o ego da má inclinação e a faz pensar que ela é a dominante e que está conseguindo seu objetivo. Isso a leva a diminuir seus esforços. O que ocorre na realidade é que você a está manipulando e, portanto, enquanto ela relaxa você se fortalece. Finalmente ela perde toda a força e te deixa em paz.

Queria compartilhar com você uma idéia interessante.

Em 23 de agosto de 1973, dois delinquentes armados com metralhadoras entraram em um banco em Estocolmo, Suécia. Enquanto empunhava sua arma, um deles que havia escapado da prisão, chamado Jan-Erik Olsson, anunciou aos aterrorizados empregados do banco que a "festa tinha acabado de começar". Os dois ladrões tomaram três mulheres e um homem como reféns. Durante as 131 horas seguintes, essas pessoas permaneceram amarradas com dinamite em uma câmara blindada do banco, até que foram resgatados cinco dias depois, em 28 de agosto.

Após seu resgate, os reféns exibiram uma atitude chocante quando se considera tudo o que tinham passado. Em entrevistas com a imprensa, ficou evidente o apoio que eles ofereciam aos seqüestradores e o medo que lhes provocava os oficiais que vieram em seu socorro. Os reféns passaram a acreditar que os seqüestradores estavam, na verdade, protegendo-os contra a polícia.

Uma das mulheres que havia sido tomada cativa manteve depois uma relação matrimonial com um dos criminosos, e outra criou um fundo de defesa legal para ajudar com os gastos de defesa dos delinquentes. Evidentemente, os reféns haviam criado um vinculo emocional com seus sequestradores.

Até o dia de hoje, não existe um consenso entre os especialistas sobre qual é a causa deste transtorno. Embora existam várias teorias e certos pontos básicos que todos aceitam, ainda assim não se sabe exatamente o que motiva um comportamento tão estranho, como o que aparece no relato anterior.

Provavelmente, se você está lendo sobre esse episódio pela primeira vez, talvez esteja considerando que é algo incrível e absurdo. Mas o que quero demonstrar é que todos nós, cada um em seu nível, sofremos deste transtorno: quando a má inclinação aparece com a única intenção de nos atormentar e nos fazer miseráveis, não somente a escutamos com atenção, como muitas vezes a consideramos uma sábia companheira e acreditamos que está nos alertando e nos protegendo.

De fato, se um amigo próximo tentar te explicar em um momento de stress que teus temores são irracionais, seguramente você lhe responderia: “Acredite no que te digo, esta é a realidade e deveria dar graças a D-us que estou consciente dela”.

Em outros termos, de forma muito sutil defendemos o inimigo e ignoramos aqueles que nos amam de verdade.

Creio que este transtorno está relacionado com uma das estratégias que nos inculcaram inconscientemente: “Se não pode com teu inimigo, se junta a ele”. Ou seja, quando nos sentimos indefensos e nos consideramos vítimas de alguma situação, preferimos nos aliar à nossos inimigos, porque acreditamos, de forma ilusória, que desta forma conseguiremos que nos deixem em paz. Mas o que se inicia como estratégia, termina convertendo-se em realidade, e acabamos ligados emocionalmente à força inimiga.

É por esta razão que não devemos nos considerar vítimas, se não que devemos tratar o inimigo com diplomacia, mas mostrando-lhe que temos o controle. Isto nos permite ser dominantes e não nos aliarmos à ele, além de manipulá-lo de acordo com nossa vontade e ao final vencê-lo.

Outro recurso que está sempre a sua disposição é tirar sarro da cara dele. Ria do absurdo que és e do ridículo que é para você o fato de que ele acredita que pode te enganar com argumentos tão sem sentido.

Imagine que tua má inclinação apareça com um pensamento aterrador desejando te atormentar e você simplesmente sorri, a olha de frente sem nenhum tipo de preocupação e diz: "Isso é uma piada? Acredita mesmo que pode me fazer duvidar? Você não sabe que D-us está me protegendo e que ninguém pode me prejudicar porque Ele me ama?"

Desta maneira, a má inclinação é humilhada por completo, e já que a ninguém gosta de ser denegrida ou humilhada, finalmente ela deixa de te perturbar e seus medos desaparecerão para sempre.

O instinto negativo utiliza várias estratégias para lograr seu objetivo. Nos enche de pensamentos negativos e inseguranças. Não se deve escutá-los. Sua intenção é nos levar à depressão.

EXERCÍCIO 4

Objetivo: Tomar consciência da existência do inimigo interno e identificá-lo. Atividade: É provável que você tenha a mente cheia de pensamentos que te acossam. É hora de ordená-los. Faça uma lista com aquelas situações que te colocam ansioso. Releia. Agora se pergunte:

a) Quais são racionais? b) Surgem do meu instinto positivo ou negativo? c) Estes pensamentos me causarão ação ou inação? d) Me ajudarão ou seu objetivo é que em pouco tempo me encontre deprimido?

Uma vez que você responda estas perguntas ou outras mais que possa eventualmente incluir, pense se é válido investir seu tempo e vida nestes pensamentos. Pense se não deve eliminar aqueles que te perturbam e se você não deveria somente se aferrar aos positivos, a aqueles que te impulsionam adiante.

Carta 4
"O esforço conduz ao êxito"

Você escreve sobre sua melancolia, abatimento e tristeza (mará shechorá veatzvut): Resulta supérfluo expor em detalhes acerca do indesejável que isto é contra o que os nossos Nesiim já haviam decretado e que já foi abordado no Tanya e em muitos outros lugares: como devemos nos distanciar por completo da atzvut e da mará shechorá.

E isto se faz deixando de considerar os pensamentos obscuros. Se não consegue realizá-lo, ou seja, se encontra simplesmente impossível deixar de ter pensamentos negativos, então, pode levar a cabo este objetivo, não pensando em si mesmo, senão em D-us: de que modo Ele é a essência do bem.

Quando se deseja de verdade arrancar estes pensamentos e sensações e se faz o esforço devido para conseguir isso, terás êxito em sua busca. Isto vai de acordo com o dito de nossos Sábios, de Bendita Memória: "Se você se esforçar terás êxito".

Capítulo 5

A ansiedade e a depressão como ferramentas Divinas

Nos capítulos anteriores, falamos sobre a atitude que devemos adotar para vencer a nossa má inclinação. Em primeiro lugar, estabelecemos que seu único objetivo é nos prejudicar, e que jamais devemos considerar com seriedade seus argumentos e muito menos lhes atribuir validade.

Agora, gostaria que entendêssemos outra consequência de acolher esses maus pensamentos. O Alter Rebe, Rabi Shneur Zalman de Liadi, descreve a batalha contra a má inclinação como fosse um enfrentamento entre dois adversários. Se em uma luta física entre dois oponentes, um deles está dominado pela preguiça e se sente esmagado, para o outro será muito mais fácil derrubá-lo, apesar do primeiro ser mais forte. O mesmo ocorre na batalha contra a má inclinação. Torna-se verdadeiramente impossível vencer se estamos com "preguiça e nos sentimos esmagados". A única maneira de sairmos vitoriosos é através da verdadeira alegria e da abertura do coração. O Talmud explica que "Se D-us não nos ajudasse a vencer a má inclinação, nós não conseguiríamos sozinhos". Para que D-us se manifeste em nossa vida, temos que estar felizes. A presença Divina só se revela se estamos alegres.

Se aceitarmos que os pensamentos negativos nos invadam e permitirmos que eles governem sobre nossos sentimentos, o resultado é exatamente aquele que o Alter Rebe nos adverte: um esmagamento e preguiça. Ainda mais, estes dois sentimentos podem ser a causa, mas também podem ser o efeito. Em outras palavras, por causa do esmagamento e da preguiça damos corda a nossos pensamentos obsessivos, e estes acabam por incrementar a mesma preguiça e esta sensação de esmagamento que experimentamos, e assim se retroalimenta o círculo vicioso.

Se estivemos atuando de forma negligente e nossos sentimentos de ansiedade se acham fora de controle, o pior que podemos fazer é nos retirar para descansar.

Isto seria o mesmo que uma pessoa que estivesse em perigo decidisse tirar um cochilo. Se você escolhe ir dormir, está entregando o controle de sua vida à ansiedade. A solução se encontra em fazer o oposto: enfrente a preguiça e busque atividades que te entusiasmem e que demandem leveza e velocidade.

Um dos melhores conselhos que eu posso te dar é que faças exercício físico. A batalha principal se apresenta enquanto você calça os tênis e pensa que tem que sair para a rua. Mas acredite: uma vez que você está do lado de fora e começa a caminhar ou trotar, o sangue se oxigenará e teu ânimo mudará de forma radical em questão de segundos.

Temos que estar atentos. Está claro que o medo e as preocupações não trazem nenhum benefício, a única coisa que conseguem é incrementar nossos graus de ansiedade e stress. Mas, o que podemos fazer quando o fogo está ardendo, quando nossos sentimentos já estão fora de controle?

Diante desta pergunta, nos responde o livro Tanya, quando cita o seguinte versículo do Mishlei: *"Bechol Etzev Ihye Motar"*, que literalmente significa 'Em toda forma de tristeza, haverá um benefício'. A primeira vista, este versículo manifesta o contrário do que vínhamos dizendo, porque nos diz expressamente que haverá um benefício na tristeza. O que significa isso?

O Alter Rebe analisa com precaução os termos do Rei Salomão, autor do Mishlei: "Em toda tristeza haverá um beneficio". Se tivesse dito, "Em toda tristeza existe um beneficio", poderíamos pensar que, na realidade, a tristeza possui certa virtude. Mas, como utiliza a palavra *ihye*, 'haverá', ele está afirmando que mesmo que a tristeza seja negativa e não tenha nada de bom, dela virá um proveito. Ou seja, a tristeza não é boa em absoluto, mas apesar disto, pode nos levar a conseguir algo muito bom.

O que o Alter Rebe tenta nos explicar é que existem duas alternativas para lidar com a tristeza. A primeira consiste em uma reação natural e impulsiva. A pessoa a se ver esmagada pela melancolia decai emocionalmente, e permite que os pensamentos negativos determinem seu estado de ânimo. Isto conduz a desesperança e a mais profunda frustração, além do que leva o indivíduo a se revestir no papel de vítima.

Alberto tinha trinta e cinco anos e já se haviam passado várias semanas desde que rompeu com Ivana, sua namorada por mais de seis anos. Se bem que a relação teve muitos altos e baixos, ele a amava com todo seu ser e estava convencido de que ela ia ser sua esposa e a mãe de seus filhos. Devido ao distanciamento e pensando que este era o fim da relação, sua tristeza foi aumentando constantemente, ao ponto de que quando chegava em casa não tinha vontade de fazer nada. Apareciam em sua mente pensamentos tais como, "É possível que tudo tenha terminado assim?", "Não poderei viver sem ela", "Não posso imaginá-la casada com outra pessoa, "Nunca vou me casar" e outros tantos semelhantes. Uma tristeza profunda o perturbava, e os pensamentos obsessivos provocavam uma tempestade em sua cabeça. Sentia o corpo pesado, e se acostumou a se trancar em seu quarto durante largas horas e chorar enquanto visualizava cenas inesquecíveis. Sentia culpa pelo fim da relação e pensava nos erros que havia cometido, e refletia severamente no que poderia ter feito para que as coisas tivessem sido diferentes.

Suas emoções e sentimentos lhe pediam uma coisa somente: esquecer tudo e ir dormir. Ele acreditava de forma errônea que o sono se encarregaria de apagar sua imensa aflição, mas quando escutava o despertador, lá estavam seus sentimentos de novo e o desespero se mantinha. Despertar-se e dar-se conta de que a tristeza seguia presente ativava de novo o círculo vicioso da ansiedade. Entretanto, nada disso iria lhe trazer de volta sua "cônjuge" sonhada.

A segunda e mais sábia perspectiva é a que o Alter Rebe reconhece como *merirut*, 'amargura'. A diferença está em que, enquanto a primeira debilita, a segunda nos induz a mudança. Sentir amargura implica frustração, não tristeza. Esta frustração provém das expectativas que temos em relação ao nosso verdadeiro potencial; sabemos que podemos ser melhores, então, nos sentimos frustrados pelo baixo desempenho que estivemos demonstrando. Trata-se de uma clara percepção da capacidade que possuímos, não uma reiteração das nossas falhas.

Ao reconhecer isso, pode-se chegar a experimentar uma verdadeira amargura, sucumbimos frente aos nossos maus traços de caráter, mas são esses que vão nos incentivar a superarmo-nos e emendar nossos erros, pois eles veem carregados de intensas energias positivas.

Com relação a *merirut*, o Talmud expressa que "Da própria árvore vem o cabo do machado que talha a árvore". É algo similar ao que ocorre com o antídoto que provêm do veneno. Apesar de que a tristeza em si não é nada mais que um veneno insuflado pela má inclinação, quando a convertemos em amargura, se transforma em uma plataforma desde a qual conseguimos voar mais alto.

Além da amargura que vem do reconhecimento do nosso potencial inexplorado, o Alter Rebe trata também sobre a amargura que vem ao reconhecermos nossos pecados e sentirmos a responsabilidade de corrigi-los.O que se coloca é que, em princípio, a tristeza não tem nenhum benefício, mas se você se sentir triste, deve se concentrar em questões relacionadas com o seu vínculo a D-us. Você deve começar a pensar sobre as falhas nas quais você incorreu, lembrar-se dos momentos em que você deixou vacilar seu compromisso com Ele. Desta forma, você pode canalizar sua tristeza para onde ela pertence, pois a verdadeira razão pela qual nos sentimos tristes é porque falhamos com nosso Criador. O surpreendente é que a tristeza nos permite voltar a Ele; e uma vez que D-us é a fonte do bem e do prazer, quando voltamos para o Seu caminho, alcançamos uma alegria completa.

Quando nossa má inclinação se dá conta de que sua artimanha para nos destruir é o que nos conduz a sermos mais felizes, imediatamente retira sua influência, e a ansiedade cessa.

Isto é o que se define como: "O valor da luz que provêm da escuridão", ou seja, a existência da escuridão podendo ser chamada também de ansiedade ou depressão permite revelar o valor mais essencial que possui a luz.

Vejamos um exemplo, se nos encontrássemos em um quarto escuro e quiséssemos reconhecer seus detalhes, necessitaríamos tocar e apalpar com nossas mãos tudo o que estivesse diante de nós. A falta de luz, ou melhor, a escuridão, neste caso, nos possibilitaria ter uma conexão mais íntima com os detalhes e particulares do dormitório. Depois de um grande esforço, poderíamos saber o que existe ali.

No entanto, nos faltaria a visão geral das dimensões da habitação, e, portanto, poderíamos tropeçar. Uma vez que o local passa a ser iluminado, e passamos a ter uma visão completa, não vamos mais cair, mas já não nos conectamos com todos os detalhes que compõe o quarto.

Quando estamos deprimidos ou tristes, estamos em uma dimensão das trevas; mas em vez de sofrer ou ter medo diante da ausência de luz devemos reconhecer que, nesta situação, podemos sentir, tocar e revelar poderes inatos da alma que em uma posição "iluminada" não poderiamos alcançar.

Um dia, Alberto percebeu que não poderia continuar perdendo tempo atolado em depressão e pensamentos negativos e decidiu que eles não iriam determinar as circunstâncias de seu futuro próximo. Então, ele perguntou: "Posso fazer alguma coisa para ganhar Ivana de novo?", "Posso mudar a minha atitude e não repetir os erros antigos que afetaram nosso relacionamento?"

Ele pensou que se ele não podia fazer nada sobre isso, não deveria perder tempo pensando sobre como as coisas seriam se a situação fosse diferente. Mas, obviamente, ele tinha o poder de mudar. Então decidiu que ele iria fazer tudo o que estava em seu poder para alcançar isso e mostrar resultados a Ivana.

Em primeiro lugar, deveria reconhecer os erros, maus hábitos e comportamentos que levaram ao afastamento do casal. Não foi uma tarefa fácil, porque isso significava ser honesto consigo mesmo e perceber seus erros.

Ele pegou um pequeno caderno e anotou todos os detalhes de seu mal procedimento. E, enquanto num primeiro instante desta introspecção pessoal, ele sentiu amargura e dor, depois, veio uma libertação e uma verdadeira alegria.

A experiência foi atravessada por um gosto agridoce, mas a amargura deste balanço emocional estava trazendo como resultado a doçura que catapulta o indivíduo para melhorar e crescer como pessoa.

Ele era o dono de suas decisões, portanto, o caminho do futuro estava em suas mãos, independentemente do seu passado. Ele não devia deixar seu passado limitar as boas decisões que ele estava tomando. Ele repetia para ele mesmo: "Todos os dias temos a oportunidade de começar de novo", "Eu perdi muitas batalhas sucumbindo aos meus maus pensamentos e medos, mas não vou me punir por isso, eu sei que há esperança de atrair Ivana, tudo depende da minha capacidade de mudar meu jeito".

Aceitou seus erros, refletiu sobre eles com dor e amargura e fez a firme decisão de "começar a trabalhar" para mudar, aceitando que a mudança deve ser dada não só para ganhar de volta sua ex-parceira, mas porque essas mudanças envolviam algo positivo e importante para ele como pessoa. As mudanças alcançadas se tornaram tão profundas e significativas que, depois de algumas semanas, Alberto e Ivana já estavam fixando uma data para o seu noivado e casamento subseqüente.

O Zohar diz: "Bem-aventurado o homem que transforma a amargura em doçura e trevas para a luz."

EXERCÍCIO 5

Objetivo: Emendar o passado.

Atividade: retire um tempo para realizar um balanço pessoal cada noite. Medite sobre os sucessos e os equívocos do passado. Realize uma profunda introspecção para alcançar um verdadeiro arrependimento.

Uma vez que tenha terminado este balanço, registre as conclusões a que você chegou e durma tranquilo e feliz sabendo que aquela reflexão retificou seu passado.

Carta 5
"Alerta sobre o inimigo interno"

Com respeito a declaração do autor da carta sobre a sensação de desesperança que têm... Me assombra o fato de que ele não está consciente de que o esforço de introduzir em sua mente sensações de desesperança e outras similares se encontra entre as táticas mais formidáveis empregadas pela Má Inclinação a fim de impedir que se levem a cabo as obrigações que uma pessoa tem e que se cumpra com o propósito da vida. A pessoa passa a acreditar que não tem possibilidades de prosperar, nem de ser feliz. Então, qual esforço pode se exigir para que se possa prosperar? Isto é assim, porque ele já declarou – tanto a outros, como a si mesmo – que abandonou toda a esperança.

Uma prova autêntica de que a fonte da sensação descrita anteriormente de desesperança provém da Má Inclinação e não é resultado de uma verdadeira depressão clínica, é que suas sensações de desesperança não minimizaram em nada seus desejos de ter prazeres físicos.

Capítulo 6

Você é o centro do mundo?

Um dos principais fatores da ansiedade é o ego. Na Psicologia, o egocentrismo é a característica que têm uma pessoa que crê que suas opiniões e interesses são mais importantes que as dos demais. Esta classe de pessoa parte da convicção de que seus pensamentos devem prevalecer sobre os dos outros. O que pensa, opine, decide, crê e raciocina está em primeiro lugar e é o mais importante. O mundo gira ao redor de sua individualidade, e o que não se ajusta a isso é rechaçado e desvalorizado. O termo deriva do latino "ego", que significa 'eu'. Uma pessoa egocêntrica não se pode colocar nos sapatos dos outros, nem se desprender dos seus, pois sempre crê que todos buscam ou deveriam buscar o que ela busca.

O fato de que a pessoa se considera e está convencida de que é o centro do universo e de que sua percepção da realidade é precisa e perfeita, faz com que ela veja o mundo de forma distorcida, e a ansiedade representa um transtorno e uma distorção em si mesma. Se a pessoa considera que sua perspectiva é a adequada e não possui uma mínima dose de autocrítica que lhe permita contradizer sua visão, livrar-se dela se tornará uma missão impossível.

Toda ansiedade surge de um temor ou de um medo. Quando alguém percebe uma ameaça e sente que seu bem-estar está em risco, pode cair de maneira involuntária em um estado de ansiedade. O medo e o temor são manifestações ativas do ego. O medo é a preocupação de que o "eu" seja afetado. Toda insegurança começa a partir da firmeza com que uma pessoa se aferra ao seu ego.

Em uma noite fria de inverno, um ancião cozinhava uma sopa para a visita de seu filho que não via há meses. Ele foi buscar alguns vegetais e percebeu que estes acabaram. "Uma sopa sem legumes não é sopa", ele pensou. Ele decidiu ir encontrar alguns na aldeia vizinha. Para chegar lá, ele teve que atravessar uma pequena floresta de árvores frondosas e altas.

Ele estava caminhando calmamente ao longo da trilha quando de repente, o medo o paralisou. Alguns metros à frente, no um galho de uma árvore, podia se notar pendurada uma grande serpente que impedia sua passagem.

Ele ficou olhando para ela por um longo tempo até que pensou que seu filho iria chegar em breve e não iria encontrar ninguém em casa. Não queria que ele se preocupasse ou pensasse que seu pai tinha esquecido a sua visita, por isso, tomou coragem, armou-se com um galho seco e deu um passo para chicotear o animal para fora do caminho.

Mas, conforme avançava e se aproximava do lugar onde estava a serpente, notou que o tamanho era maior do que ele pensou ter visto. O medo o derrotou e ele caiu no chão segurando o ramo. Ele começou a chorar, estava desesperado e comovido por não poder confrontar o animal.

Seu filho, que tinha vindo para a casa, percebeu que seu pai não estava e imediatamente pegou a lanterna e saiu para procurar no caminho escuro. Ele caminhou um longo tempo, até que, no silêncio da noite, ouviu os gritos de um homem. Quando ele chegou ao local, ele percebeu que era seu pai.

Intrigado, ele perguntou o que estava errado, por que ele estava chorando tanto. O pai olhou em seus olhos um pouco embaraçado e explicou que era um covarde e que não era capaz de avançar no caminho por causa da cobra. O filho iluminou com a potente lanterna a árvore, deu alguns passos em direção ao animal até que ele chegou perto o suficiente para perceber que o que estava pendurado na árvore não era uma cobra, mas uma corda amarrada ao galho.

Muitas são as ameaças que nos atormentam, entretanto, entre todos os temores ou medos que nos atingem considero que o mais básico é o temor à mudanças: no instante em que percebemos que a realidade se altera, perdemos nossa zona de conforto. Isto nos obriga a sair do universo conhecido para nos enfrentarmos com uma realidade distinta daquela a que estamos acostumados.

Além disso, o fato de penetrar em um terreno desconhecido, também pressupõe a perda do controle da situação, o que faz com que nos sintamos expostos e vulneráveis. Mas, insisto, tudo provêm do ego e do temor de que nossa identidade se veja afetada de forma negativa.

Então, podemos concluir que a ansiedade surge porque estamos enfocados em nós mesmos. Mas se tivéssemos em conta que na realidade estamos neste mundo para cumprir uma missão Divina e que possuímos todas as ferramentas necessárias para realizá-la, então, o medo diminuiria. Devemos tomar consciência de que nada do que temos nos pertence. Além disso, se pensarmos que na verdade, nunca tivemos o controle total, senão que estamos nas mãos do Criador, com certeza, seríamos humildes, e essa mesma submissão nos libertaria do ego e, consequentemente, da ansiedade.

Conta-se a seguinte história que aconteceu ao Alter Rebe.

Uma vez, se apresentou diante dele, um dos seus discípulos e começou a fazer uma série de pedidos, questões básicas que ele precisava. O Rebe ouviu os pedidos e, quando terminou, ele disse em um tom enérgico: "Vejo que você está muito preocupado com o que necessita de D'us, mas você já pensou o que D-us necessita de você?".

Quando este Chassid saiu da sala do Rebe, os outros chassidim que estavam do lado de fora viram seu rosto iluminado e seus olhos brilhando. Então, intrigados, perguntaram o que lhe tinha dito o Rebe. Ele lhes relatou tudo o que tinham conversado.

Os chassidim ouviram atentamente, mas não conseguiram entender de onde surgia tanta alegria, já que parecia que o Rebe o havia admoestado. O chassid explicou: "É simples, o Rebe lembrou-me que D-us espera algo de mim, acaso há algo mais inspirador?".

Se conseguirmos entender que somos os protagonistas do Plano Mestre de D-us, que Ele espera algo de cada um de nós, se nos dermos conta de que somos indispensáveis e que temos algo único, então, sentiremos que nosso valor é infinito e eterno. Nos veríamos como se fossemos o centro do universo, mas não de forma arrogante, e sim com o convencimento de que

D-us nos necessita e que o mundo requer nosso trabalho.

Outro dos fatores agravantes de nossa ansiedade é a busca pela gratificação material. Existem pessoas que investem a maior parte do seu tempo e esforço em questões materiais. Mas isto é inútil, se é feito se deixando de lado os cuidados com os valores essenciais e as prioridades espirituais. Esta atitude, sem margem a dúvidas, gera ansiedade, porque é uma das expressões mais comuns do ego.

Ao iniciar este capítulo, propusemos a ideia de que o temor mais básico do ser humano é o da mudança. Mas, onde se apresentam estas mudanças? A matéria é a única que se transforma, o espírito se mantêm eternamente, além do que, não é suscetível as circunstâncias do seu entorno. O mundo físico está em um estado constante de mudanças, por exemplo, os descobrimentos tecnológicos avançam a um ritmo tão acelerado que nossas expectativas mais exageradas são incapazes de prognosticar os avanços que se avizinham. Nosso corpo também muda. No entanto, a faísca Divina que reside no mais profundo de nossa alma, se mantêm sempre estável.

As circunstâncias externas não podem, nem poderão jamais afetar o espírito.

Muitos psiquiatras tem alertado que é possível que em 2020 a ansiedade e a depressão sejam a principal causa de mortes no mundo. Talvez isso se deva a obsessão que temos pelos bens materiais. Enquanto a busca pelo material cresce, vemos um declive nos valores espirituais.

Duas pessoas idosas perto dos oitenta. Um deles é ansioso e preocupado, o outro se sente tranquilo e pacífico. A pessoa que dedicou sua vida a perseguir valores materiais sofre ao perceber que se aproxima do fim do material. Ao contrário, aquele que passou a maior parte de seu tempo e esforço para cultivar os valores da alma é calmo sabendo que muito em breve estará no mundo espiritual.

Até aqui temos visto as consequências de uma pessoa estar centrada em si mesma, da ansiedade que produzem os temores, das ameaças que percebemos se algo se altera em nosso mundo. Agora, quero me aprofundar em um tema em particular: os atos de bondade.

Devemos ter claro que um dos antídotos para vencer os transtornos de ansiedade é a prática de atos de bondade. Devemos consagrar nosso tempo às necessidades dos demais; desta forma nos liberaremos do egoísmo e nos daremos conta de que existe uma missão de vida superior a de saciar nossos desejos pessoais. Essa transcendência nos eleva acima da ansiedade e da depressão.

Para que os atos de bondade possuam a faculdade libertadora de que estamos falando, têm que necessariamente surgir de uma verdade superior. Não se trata de satisfazer nosso desejo pessoal de nos sentirmos úteis ou de acalmar nossa consciência, senão de entender que existe algo maior que nós, um mundo inteiro que requer nosso aporte.

A atitude que devemos adotar é semelhante àquela que tinha nosso primeiro patriarca Abraham. A Torá descreve como ele se dedicava a satisfazer as necessidades dos viajantes de forma incondicional, mas também exigia deles que louvassem a D-us e reconhecessem que Ele domina o mundo. Além disso, não se contentava com oferecer-lhes somente o que lhes faltava, senão que lhes outorgava mais do que requeriam sem esperar nada em troca.

Um comportamento assim nos permite alcançar a plenitude espiritual, pois quando alguém se encontra em situações difíceis, sua Essência Divina aflora. A vulnerabilidade que gera os desafios facilita o despertar da alma. Portanto, se nosso serviço para com este individuo é desinteressado, então, este brotará da essência da alma. Ao nos comportarmos desta maneira, se fundem nossas almas, e esta união profunda e íntima é a que se converte em uma fonte de bênçãos reveladas para ambos, para o doador e para o receptor.

Há muito tempo eu conheci Maurício, um jovem de vinte anos muito carismático e empreendedor. Depois de vinte anos de trabalho duro e dedicação, seu pai foi demitido de seu emprego. A tristeza entrou na casa de forma muito intensa, e a moral de seu pai estava em declínio acentuado.

A gravidade desta situação familiar lhe roubou o sono, ele passava a noite perguntando o que eles fariam se seu pai não pudesse *encontrar outro emprego. Naquela época, Maurício era um estu-*

dante universitário e não tinha chance de colaborar economicamente em casa.

Depois de algumas semanas, ele começou a sofrer de vários sintomas: transpiração excessiva, mudanças bruscas de temperatura do corpo, náuseas, entre outros. O desconforto que ele estava experimentando era tão violento que, a certa altura, desistiu de seus estudos na metade do dia para visitar a sala de emergência da clínica que estava ao lado da universidade. Ele estava sofrendo de dor torácica aguda e temia que se tratasse de um ataque cardíaco. Os médicos o trataram imediatamente e ele foi diagnosticado com transtorno de ansiedade.

Com esse prognóstico clínico, lhe foi prescrito uma medicação apropriada. Ao mesmo tempo, ele começou a ser tratado com um terapeuta cognitivo. Estes dois procedimentos, terapia e medicação, foram de grande ajuda para Maurício.

No entanto, o que realmente determinou a melhora foi o conselho que recebeu de um amigo rabino, que lhe disse para usar esse tempo para parar de se concentrar em si mesmo e iniciar um projeto para ajudar os outros; assim, desta forma iria se livrar dos pensamentos obsessivos e imagens assustadoras que lhe amedrontavam.

No começo, ele estava sem forças ou iniciativa de fazê-lo, mas o rabino lhe assegurou que bastava colocar em prática o seu conselho, a vitalidade interior de sua alma iria emergir e ele sentiria um fluxo de energia positiva.

O rabino estava em contato com várias famílias locais que tiveram filhos com "habilidades diferentes". A idéia era que o jovem se tornasse um contribuinte para as famílias e um guia para estas crianças. Mauricio apreciou a oferta do rabino e decidiu dedicar uma hora por dia para essas crianças.

E então ele começou a realizar várias atividades com eles, alimentá-los, faziam esportes juntos e, gradualmente, ele desenvolveu um grande afeto por eles. A coisa mais maravilhosa foi que, durante esse tempo, ele esqueceu completamente suas dificuldades familiares. Enquanto brincava com as crianças, Mauricio refletiu sobre o quão feliz elas eram, apesar dos desafios que tinham, celebrando cada pequena vitória e alegria inata de suas almas fluia desimpedida. Depois de algumas semanas, seu humor mudou drasticamente, até que, finalmente, a ansiedade desapareceu.

Enquanto isso, a situação familiar também melhorou, seu pai foi contratado por uma multi-

nacional e com um salário muito melhor do que o seu antigo emprego. Mauricio não abandonou o projeto uma vez que a ansiedade desapareceu; ao contrário, ele continuou dando a estas crianças especiais, uma parte de seu tempo e também envolveu seus amigos da universidade neste empreendimento sagrado.

O segredo de Mauricio foi entregar-se por inteiro com verdade e abnegação por aqueles que necessitavam de seu apoio.

Se desejarmos emular sua atitude, então temos que estar dispostos a abandonar nossa comodidade pessoal em nome do outro. Devemos aprender de nosso primeiro patriarca Abraham, que consagrou sua vida inteira a trabalhar em benefício dos demais. Mas o principal é que sejamos genuínos e que não façamos isto para atingir nossas metas egoístas, e sim impulsionados pela missão Divina que D-us nos encomendou neste mundo.

Se desejarmos vencer totalmente a ansiedade, devemos investir naquelas questões de caráter eterno, aquelas que não mudam por conta das cir-

cunstâncias, aquelas que mantêm sua integridade para sempre. Essas são as coisas que o tempo não pode nos arrebatar: as realizações espirituais. Se atuarmos desta forma, vamos atingir um equilíbrio ideal e nos encaminharemos para uma vida plena de sentido.

EXERCÍCIO 6

Objetivo: Suprimir o ego e alcançar a humildade.

Atividade: Você deve tomar consciência do quão importante é que você se desvincule do seu ego. Pense acerca do que te rodeia, tua comunidade, teu bairro, etc... Escolha uma instituição ou um centro comunitário e se ofereça como voluntário em algum projeto ou programa de ajuda social. Uma vez que tenha começado, registre dia a dia que sensações estão despertando em você.

Carta 6
"D-us nos necessita!"

Em resposta a sua carta... naquela em que você escreve que se encontra muito ansioso e preocupado por sua esposa e família, além do que comenta que têm sérias preocupações em relação ao sustento, e que, em consequência, não tem paz mental para comprometer-se no estudo da Tora de D-us, vem o que se segue.

Me assombra que deixes de mencionar em absoluto o que é que você está fazendo em relação a Torá e as mitzvot a fim de criar os recipientes e canais por meio dos quais poderá receber as bênçãos Divinas relacionadas com todas as necessidades e preocupações que você menciona. Existe um famoso dito do Alter Rebe, autor do Tanya (e deste modo um Posek na porção esotérica da Torá), e do Shulchán Aruch Ha Rav, quando respondeu a um individuo que tinha queixas similares: "Suas preocupações se relacionam todas com o que você necessita, mas não com o para que você é necessário".

O anterior é mencionado na carta do meu sogro, o Rebe, de Bendita Memória, impressa no Kuntres 577. Ali também se menciona que quando se faz um esforço para alcançar aquilo pelo qual o homem foi posto na Terra – e, como dizem nossos sábios na conclusão Tratado Kidushin: "Fui criado sem nenhum outro propósito, afora de servir ao meu Criador", então, D-us satisfaz as necessidades e os pedidos pessoais.

Capítulo 7

O exercício físico como ferramenta espiritual

Vários profissionais tem explorado sobre a efetividade do exercício físico em relação a saúde física e mental e como tratamento de diversas patologias, entre elas o transtorno de ansiedade. Tanto estes profissionais como aqueles dedicados ao cuidado com o corpo concordam sobre os benefícios que são proporcionados por uma rotina adequada de exercícios; incluso, em alguns casos, logra-se eliminar o uso da medicação.

Todos podemos estar de acordo com os benefícios que são trazidos pela prática de esportes. Entretanto, queria dedicar este capítulo do livro a analisar o tema desde o enfoque da sabedoria chassídica e tratar de explicar porque isto é assim.

No Tanya, o Alter Rebe explica que cada indivíduo possui uma "alma animal" que habita no sangue. Essa alma está constituída pelos quatro elementos: fogo, terra, ar e água. Cada um destes elementos é o responsável por alguma das características negativas que possuímos.

O fogo, cuja característica é que sempre se eleva, representa o orgulho e a arrogância; é o que faz com que acreditemos que somos competentes o suficiente para podermos passar por cima de nossos companheiros e amigos. Além disso, o fogo personifica a paixão, o sentimento ardente com que incineramos aqueles que nos desafiam e aqueles que nos confrontam a percepção que temos sobre a verdade.

O elemento ar é a base das palavras vazias, como as fofocas, a gozação e a conversa fiada. Da mesma forma que o ar é leve e não tem substância, também, essas palavras não têm nenhum propósito ou conteúdo construtivo.

A água é a fonte de todos os prazeres, pois facilita o crescimento dos elementos encarregados de nos dar prazer.

O elemento terra é o responsável pela produção das sensações de peso, tristeza, ansiedade e depressão. Assim, como a terra é pesada e dura, do mesmo modo, a dimensão terrena da nossa alma animal é responsável por gerir os nossos sentimentos de desânimo e tristeza. Quando uma pessoa se sente ansiosa e deprimida, ela decide ir descansar imediatamente levada pela crença de que, ao acordar, irá se sentir melhor. No entanto, enquanto o descanso pode apagar a ansiedade por um tempo, não é como se luta contra ela; se optar negá-la, ela retornará inesperadamente.

A ansiedade e a depressão se originam na preguiça, que é a causadora da nossa falta de energia e vitalidade. Estes mal-estares estão relacionados com o elemento terrestre de nossa identidade, o que nos transforma em um rígido e pesado bloco de terra.

Então, o que temos que fazer é tomar nossa "pá espiritual" e começar a mover toda essa "terra". Mas, como é possível realizar isso?

A maneira de fazer isso é incorporar o exercício físico em sua vida. Você deve começar com uma atividade simples e básica e, gradualmente, ir aumentando o esforço. Por exemplo, para começar, caminhe durante 30 minutos todos os dias. Saia ao ar livre. Aproveite a oportunidade para aclarar a mente e apreciar as virtudes de oxigenar o sangue.

É provável que, enquanto você lê isto, surja em você o entusiasmo de querer praticar o que eu o aconselho, mas você deve se lembrar de algo muito importante: na hora de tomar a decisão de fazer uma mudança em sua vida, a má inclinação irá investir grandes esforços para derrubá-lo e faze-lo desistir.

É importante o compromisso da pessoa consigo mesma. É preciso definir metas moderadas para poder cumpri-las com dedicação e persistência. A ajuda do Todo Poderoso e a nossa perseverança trarão muito rapidamente resultados maravilhosos.

EXERCÍCIO 7

Objetivo: Liberar o corpo de todos os sintomas da ansiedade.

Atividade: A atividade física é a melhor companhia que podemos encontrar para encontrar a calma. Caminhe todos os dias por 30 minutos, ao menos. Aos poucos, aumente o tempo que você dedica a esta atividade. Ao final de uma semana, registre as mudanças que você sentiu.

Carta 7
"Otimismo Divino"

O Rebe comentava frequentemente como o otimismo, reforçado pela confiança em D-us, é tão importante para o processo de cura como a medicina ou os médicos. Em 1977, ele sofreu um ataque cardíaco severo. Um dia depois, insistiu em ir dar uma palestra, da mesma maneira que havia feito nos trinta e oito últimos anos.

Deve cuidar da sua saúde insistia o médico, – Se não for assim, existe uma possibilidade de recaí-

da de vinte e cinco por cento. O médico perguntou ao Rebe se ele compreendera o que ele havia dito.

Oh, sim disse o Rebe com um sorriso. Você me disse que, inclusive, se eu não cuidar da minha saúde, o que te asseguro que farei, existe setenta e cinco por cento de chances de eu não ter uma recaída.

Capítulo 8

Serve a teu D-us com alegria

A alegria desaparece quando as coisas não saem como queremos. Neste momento, nós sentimos que o coação se quebra em pedaços, todo o universo entra em colapso diante dos nossos olhos, nos vem um momento de imensa frustração em que acreditamos que este é o fim e que para voltarmos a nos levantar é necessário percorrer um longo e tortuoso caminho.

De repente, parece como se a vida nos arrebatasse, nos tirando a tranquilidade, e acabamos presos em uma depressão inevitável. Sentimos-nos vítimas de circunstâncias desconhecidas que bagunçam tudo aquilo que logramos construir.

É verdade que as circunstâncias têm um papel importante em nossas vidas. Quando são favoráveis, podemos manter um estado de ânimo positivo e gozamos de uma tranquilidade temporária. No entanto, essa alegria que provem de fora não é verdadeira e nem duradoura, está subordinada a fatores externos.

A verdadeira alegria, a genuína, é simples. Não provêm de elementos externos, senão da verdade interior que define a alma. É uma iniciativa direta da chispa Divina que arde no mais íntimo do nosso ser. Mesmo que soe estranho e difícil de aceitar, esta felicidade autêntica não é forjada por argumentos que a vitalizam, senão que emerge quando se remove as barreiras que servem como obstáculos. Não se trata de algo que se constrói, senão de algo que se revela. Quando se retira todos os fatores que interferem com a sua luz, a claridade brota, proveniente de uma verdade intrínseca e imune aos altos e baixos das experiências.

Essa satisfação momentânea que você sente quando as coisas fluem de acordo com suas expectativas não tem força ou coerência, é artificial, sofisticada e complexa, sem voz, só se alimenta do superficial e do material. Daí vem o dom que a escuridão nos apresenta, porque quando tudo está em ordem, facilmente caimos no erro de atribuir a nossa alegria a esses elementos favoráveis e acreditar que a nossa satisfação é diretamente proporcional às circunstâncias positivas. Mas o momento em que a escuridão vem e destrói tudo isso, temos de encontrar a verdadeira razão para ser feliz, que não é proporcional à realidade criada, em contraste, é a razão de ser dessa criação, é o catalisador de tudo o que nos rodeia, é uma luz que detém o segredo do Ser Supremo e demonstra o sentido absoluto de tudo que existe, mesmo da escuridão.

Em palavras mais simples: quando você está em um estado de depressão tal que não encontra motivos para ser feliz, é quando você tem a oportunidade de conectar-se com a verdadeira alegria do seu ser interior.

Tente escutar com atenção uma melodia chassídica, daquelas que transmitem a Inspiração Divina que ressoa no mais profundo da alma. Ao realizar isto, uma voz irromperá no seu interior. É o *Yetzer Hará* que te questionará: "Você está enlouquecendo? Teu mundo está desabando e você arranja tempo para sentar e cantar?" Neste momento você deve reunir toda sua coragem e exclamar: "Não se trata de mim, se trata do Eterno!".

Considere o seguinte: Qual mérito você tem de estar alegre quando as coisas vão bem? No momento em que você se sente pior, graças a sua depressão, você pode revelar uma alegria que não está sujeita a qualquer fator externo. Uma alegria que não depende de como você se sente ou como as coisas funcionam, não está condicionada, em absoluto.

Quando você ouve que o *Yetser Hará* diz que o que você faz é irracional, é uma boa indicação de que o que você está fazendo é a coisa certa, porque é isso que o incomoda mais: ver você calmo" no meio da tempestade.

Cante esta música como se estivesse realmente estivesse em um estado de completa felicidade, começe a dançar como se o seu corpo não pesasse nada, espere alguns segundos e diga para si mesmo: "Eu não estou cantando ou dançando para mim, eu estou fazendo isso porque é a vontade de D-us. "

Quando você entender que este é um momento único em sua vida, aquele que surge devido à depressão, e que você está fazendo a vontade de seu Criador, independentemente de como você se sente, então, surgirá a verdadeira alegria.

Você pode revelar essa alegria nos momentos mais dramáticos, porque quando nada está merecendo ser feliz, a verdadeira felicidade pode surgir. Origina-se em um espaço que brilha com luz própria, provem da iniciativa da alma e reflete aquela Centelha Divina que conduz a sua vida em todos os momentos.

Quando o Rei David declara em seu livro de Salmos: "Ivdu Et Hashem BeSimchá", 'Serve a D-us com alegria", se refere precisamente a esta alegria eterna, a alegria simples e pura da alma. A palavra *ivdu*, 'serve', possui a conotação de *Avodat Eved*, 'o serviço de um escravo', ou seja: da mesma maneira que um escravo deve trabalhar com um esforço desmedido, também, esta alegria exige grande esforço e dedicação, pois temos que nos despojar de todo o externo até demonstrar que a única razão para sermos felizes é a verdade Divina, e que Sua Presença irradia no mais profundo de nossa alma.

Quando nos desprendemos daqueles elementos que acreditamos que podem nos trazer felicidade e enfocamos nossa atenção exclusivamente na verdade pura e simples, o privilégio precioso de ter uma relação íntima e incondicional com o Rei dos Reis, o Santo Bendito Seja, a alegria brota sem nenhuma barreira.

Era a festa de Pessach, "O tempo de nossa liberdade." O Santo Baal Shem Tov se reuniu com um grupo de seus discípulos mais próximos e juntos foram para a casa de um casal que não podia ter filhos. Quando chegaram à casa, o Baal Shem Tov sentiu a profunda tristeza que tomava conta do casal. Depois de cumprimentá-los carinhosamente ele perguntou: "Por que vocês estão tristes? É *a festa de Pessach, temos a 'mitzva' de ser feliz. "*

O casal respondeu com tristeza: "Como podemos regozijarmo-nos ao ver a nossa sorte? Já se passaram muitos anos que estamos juntos, mas D-us *se recusa a nos abençoar com crianças". O Santo Mestre reiterou sua mensagem: "*É a festa *da nossa liberdade, vocês devem colocar de lado sua melancolia e celebrar o nascimento do nosso povo e o belo presente de que D-us nos escolheu para ele." E sem mais delongas ele disse: "Vamos, levantem-se!, Temos que dançar!".*

Os dois se negaram e lhe disseram que embora desejassem fazê-lo, o mal-estar não lhes permitia levantar seus corpos do chão. O Santo Baal Shem Tov, não conformado com esta resposta, os impulsionou: "Vocês têm que encontrar forças. D-us sabe o que faz, mas hoje é Pessach e devem demonstrar sua gratidão por nos ter feito Sua Nação". E uma vez mais, exclamou com firmeza: "Levantem seus corpos e dancem! O façam por saberem que D-us é maravilhoso! Celebrem, por reconhecerem que tudo que Ele faz é pelo Vosso Bem!".

Ouvindo as palavras do Baal Shem Tov, ambos sentiram uma forte determinação e começaram a dançar e cantar com toda a força. No início parecia impossível, mas ao longo do tempo a sua alegria interior explodiu e seus corpos foram ressuscitados por ela. Eles realmente sentiram que tinham quebrado a capa espessa que não permitia que a luz da sua alma emergisse. A alegria tornou-se real e já não tinham que trabalhar muito para cantar e comemorar a redenção de Pessach.

Nesta hora, o Baal Shem Tov revelou-lhes que a sua alegria incondicional e fé inabalável conseguiu revogar o decreto celestial duro e agora seriam abençoados com filhos.

Esta maravilhosa história nos mostra como se pode alcançar a alegria da alma sempre. Sem importar as dificuldades que enfrentamos, persiste no mais profundo do nosso ser esta Centelha Divina, e quando permitimos que aflore, não há nada que a detenha.

No principio deste capítulo, expliquei a estratégia de liberar a alegria interior e disse, "Tente escutar com atenção uma melodia chassídica e dançar". Além desta, existe uma segunda técnica que se mostra indispensável para acender a luz oculta do nosso ser interior.

Pare em frente a um espelho e observe seu rosto. Você verá uma imagem lúgrebe e triste, de olhos opacos e expressão séria. Agora sorria. Simplesmente faça isso, mesmo que não encontre razão nenhuma! Certamente, a voz insolente do *Yetzer Hará* gritará: "Acaso, você perdeu a cabeça? Não é tempo de sorrir! Não se dá conta de que a sua vida é um desastre?".

O maravilhoso desta segunda fórmula está no fato de que você não está utilizando uma distração, mas está rindo sem motivo algum. O *Yetzer Hará* está te perguntando: Por que você está feliz? E você lhe responde: Porque sim!

Quando você atua desta forma, as forças negativas que estavam investindo esforço em te fazer desesperançar, optam por te deixar tranquilo de uma vez por todas, pois se dão conta de que sua influência negativa é precisamente a raiz da sua conexão incondicional com D-us.

Quando nos encontramos deprimidos e não há razões ou circunstâncias para sentirmos felicidade, é importante recordar que podemos "aproveitar" esta situação para revelar a alegria essencial do nosso mais profundo ser.

EXERCÍCIO 8

Objetivo: Sentir a verdadeira alegria em D-us.

Atividade: Escute sua canção favorita e dance com ela. Não importa como você se sinta, se entregue e se deixe levar por suas emoções mais profundas. Envolva-se com o som da música e comece a sorrir. Assim que tiver terminado, anote as suas sensações.

Carta 8
"A alegria, antes de tudo"

Em resposta a sua carta escrita no mês de Adar II, quando é necessário aumentar nossa alegria, mais ainda, que sua carta foi escrita alguns dias antes de Purim, quando o júbilo deve resplandecer:

Não obstante o anterior, o conteúdo, e o que é mais importante, o ânimo de suas linhas não está em afinidade com Purim, não é nem sequer alegre. Depois de todas as razões e explicações que você me manifesta em sua carta sobre seu desânimo, ainda assim, segue da mesma maneira vigente o mandato de D-us que não somente é o Criador do mundo, senão também seu Condutor a quem se deve servir com alegria.

Sem dúvida, D-us está ciente de todas as razões mencionadas em suas linhas como a causa de seu desânimo, e ainda assim nos ordena a permanecermos alegres. Isso nos ensina três coisas:

a) Uma vez que D-us demanda de nós esta alegria, sem dúvida, ele nos proveu com a capacidade e a aptidão para concretizá-la, já que Ele, "não faz exigências que não sejam razoáveis às suas criaturas", e "Quando Ele pede, somente o faz de acordo com a capacidade deste pedido ser cumprido por parte dos seres criados".

b) Mesmo nesta situação, onde parece não existir nada para festejar, há amplas razões para regozijo. Tudo que você precisa é o desejo de manter os olhos abertos para que você possa ver tudo o que pode te fazer feliz.

c) Em virtude do explicado em muitos textos, incluindo o do Tanya (cap. 26), uma atitude de abatimento é contrária ao serviço apropriado a D-us: Quando se quer obter a vitória na bata-

lha, em particular em uma difícil, é necessário empreende-la com alegria, como é explicado detalhadamente neste texto.

Também é conhecido o ditado do meu sogro, o Rebe, de Bendita Memória: "Um soldado que vai a caminho da frente de batalha entoa uma marcha de vitória e júbilo", por mais que ainda tenha que lutar nela. Porque a perspectiva de ter fé e convicção firme sobre a vitória na batalha que se seguirá, e o júbilo que resulta daquele triunfo, é algo que fortalece e apressa em si mesmo a vitória.

Capítulo 9

Medo e ataques de pânico

Este livro não tem somente a intenção de abordar de maneira minuciosa a natureza da ansiedade, senão que pretende também lhe guiar para que possas recuperar o controle da sua mente, e também, do seu coração.

É provável que você já tenha escutado algo sobre ataques de pânico. Já foram escritos vários ensaios e textos descrevendo como se apresentam, como se definem, quais são seus sintomas, quanto duram e muito mais informações. Apesar disso, devemos perguntar: quantos destes livros nos oferecem uma solução concreta, que vá além de sugestões sobre distintos tipos de medicamentos e terapias?

Antes de tudo tratemos de entender o que é isso. O ataque de pânico é uma experiência muito violenta em que a pessoa atingida padece de medo, angústia e sensações físicas agonizantes. Em muitos casos, não sabemos como se origina, aparece repentinamente, e a pessoa não entende o que está ocorrendo. Este fato gera incerteza e aumenta o temor. Durante o ataque de pânico, surgem na mente imagens aterradoras originadas pelas desordens físicas que são produzidas e que induzem a sensação de perigo. Uma voz interna demanda com extrema ansiedade: "O que está acontecendo?".

Há pouco mais de dois anos, uma pessoa que sofre de ataques de pânico durante a noite veio me pedir conselhos. Eu olhei para ele e disse que a solu-

ção para pará-los era simples. Ao terminar de dizer estas palavras senti uma expressão incrédula.

Eu podia imaginar o que ele estava pensando. "Eu estou vivendo no inferno e este rabino vem me dizer que detém a chave para acabar com meu sofrimento! Qual é a sua idéia sobre o martírio pelo qual estou passando? ". Voltei a encará-lo e perguntei se ele sabia como ataques de pânico são acionados. Ele ignorava a resposta.

Então comecei a explicar. "Eles começam com algum sintoma, tal como sudorese, então, neste momento, perguntamos instintivamente: o que está acontecendo? e nossa voz interior exclama: Será este um sinal de que algo está errado comigo? Enquanto se intensifica a dúvida, o medo aumenta. Finalmente, este medo é responsável pela produção de outros sintomas: aceleração violenta do ritmo cardíaco e graves dificuldades respiratórias. Nossa preocupação inicial se transforma em um "estado de emergência". Perguntamos-nos aterrorizados: Estou tendo um infarto? O medo é cada vez maior, e estamos convencidos de que o que estamos sentindo pode ser fatal".

A pessoa seguia olhando firmemente para mim, o silêncio dele mostrou que ele tinha um in-

teresse crescente em minhas palavras. Com paciência, eu continuei. O medo da morte é indescritível *e termina desencadeando o intolerável "ataque de pânico". Eu o definiria como uma terrível dor na alma, que parece infinitamente mais insuportável do que qualquer dor física.*

Fiz silêncio e nos olhamos por um momento.

Seu rosto demonstrava compreensão e um ligeiro rastro de esperança. Ansioso para que eu continuasse, ele me escutava atentamente.

Olhei-o nos olhos e disse: "Eu quero explicar como você pode se livrar dos ataques de pânico para sempre. O motivo pelo qual eles conseguiram te afligir por tanto tempo é porque os seus medos te enfraqueceram. Você tem que entender uma coisa: enquanto você não realizar nenhuma mudança de atitude, eles virão a cada noite, e cada vez, irão ocorrer de forma mais forte. Para erradicá-los, você deve tomar uma atitude diferente.

Quando uma situação particular afeta nosso estado emocional, e nos conduz paulatinamente a caminho de pensamentos obsessivos que geram um intenso estado de angústia, é muito factível que como resultado se produza um ataque de pânico.

Eles ocorrem devido a nossa debilidade emocional. Mesmo que tenhamos a tendência de pensar que surgem de repente, o correto é que eles são resultado de nossa debilidade emocional, que se converte em um terreno fértil para sua aparição.

Como mencionei antes, dentro de nós existem duas entidades espirituais que lutam constantemente entre si. Os mestres chassídicos explicam este conflito interno utilizando a analogia de dois reis que lutam uma forte batalha para apoderar-se de uma cidade e submeter seus habitantes a seguir seus ditames. De forma similar, as duas inclinações que temos lutam a cada momento com o objetivo de conseguir o controle do nosso organismo, que seria o território de "disputa" dos dois reis. Assim como estes monarcas desejam submeter os habitantes da cidade, nossas duas inclinações (o *Yetzer Hatov* e o *Yetzer Hará*) brigam a fim de dominar plenamente cada um dos órgãos do corpo físico.

Ao compreender este conceito corretamente, a nossa perspectiva muda imediatamente.

Imagine que um indivíduo se aproxima de você e lhe pede para começar a correr porque há um perigo iminente. Certamente, sua reação seria a de dar atenção às suas palavras e fazer todo o possível para evitar danos. Mas, e se o mesmo sujeito continuar a insistir que você está em perigo, mesmo quando você percebe que nada de ruim aconteceu? Obviamente, você não acreditaria mais em sua advertência. Quanto mais se soubesse que, na verdade, ele tem a intenção de te perturbar e distraí-lo de cumprir suas obrigações; nesse caso, não só se absteria de fazer o que ele diz, mas também você se enfureceria com ele.

O mesmo se aplica ao seu *Yetzer Hará*. Ele se apresenta para você como um bom amigo e te sugere que fujas destes horríveis sintomas que antecedem o ataque de pânico. Aproveitando-se da sua debilidade emocional neste momento, ele te sugere que você está em grave perigo e te conduz ao desespero.

Mas, no entanto, como já havíamos mencionado, a realidade é que os ataques de pânico somente começam quando nos deixamos assustar pelos primeiros sintomas e permitimos que nossa mente nos convença de que estamos em perigo. Isto significa que o "amigo" que nos previne do perigo é na verdade, quem origina o estado nervoso que gera os ataques de pânico.

Nosso primeiro erro consiste em assumir que a advertência é genuína e que o sujeito que está nos prevenindo é nosso amigo, quando na realidade se trata de nosso inimigo interno, que tenta nos levar ao desespero e nos encher de ansiedade. Ele está tirando sarro de nós, abusando da confiança que lhe damos. Devemos entender que, ao tratar-se do enfrentamento contra o *Yetzer Hará*, não existe a possibilidade de chegarmos a um empate: se não levarmos a vantagem, então ele a terá.

Não devemos acreditar nos pensamentos negativos. Eles tentam controlar nossos desejos. Devemos estar atentos e nos darmos conta de sua farsa. Devemos ignorá-los totalmente; assim os teremos em nosso poder, e seremos nós aqueles que irão decidir.

Somente se nos deixarmos influenciar pelo *Yetzer Hará*, um ataque de pânico poderá nos atingir, pois permitimos que ele nos domine.

Analise como você atua antes, durante e logo depois de um ataque e, a partir de hoje, faça tudo ao contrário. Esta é a minha proposta para que você possa terminar com eles.

O verdadeiro problema se encontra no fato que temos medo dos ataques. Assim que iniciam, um desmoralizante temor nos inunda e nos perguntamos com ansiedade: "Será este o primeiro de muitos mais?" Na realidade, os ataques de pânico se originam na cruel manipulação do nosso *Yetzer Hará*, que utiliza todas as táticas a sua disposição para engendrar em nós medo e paralisar nosso crescimento.

Por consequência, se desejamos nos livrar deste terrível mal-estar, devemos erradicar o medo que temos dele. Se neste instante crítico, optarmos por reunir toda nossa coragem interior e exclamar fervorosamente; "Adiante! Venha quando quiser, estou pronto para te destruir!", desafiando esta voz lhe demonstramos abertamente que ela não nos intimida nem um pouco.

Esta é a intenção das palavras do Rei David no *Tehilim*, que formam parte de nossas rezas diárias: Confía em D-us, seja forte e valente em seu coração, e confia em D-us. Ninguém é santo como D-us, pois não pode haver nada fora Dele, e não há ninguém tão poderoso como nosso D-us. Pois quem é D-us exceto Hashem, e quem é poderoso fora de nosso D-us?

De hoje em diante, mantenha esta atitude firme diante dos ataques de pânico, e desta maneira você os vencerá para sempre.

Na filosofia chassídica, se explica que "Um pouquinho de luz desloca muita escuridão". Podemos apreciar isto quando entramos em uma habitação escura e acendemos um fósforo. Esta ínfima quantidade de luz se encarrega de remover grande parte da escuridão presente. Ainda que este fato nos pareça óbvio, é importante refletirmos porque ele ocorre: na realidade, a escuridão não possui substância ou existência própria, ela é simplesmente a ausência de luz. Por esta razão, no momento em que surge a luz, ela se desvanece.

O mesmo ocorre com os ataques de pânico: eles somente podem existir na escuridão, mas quando incrementamos a luz do nosso verdadeiro ser, os anulamos por completo.

Coloque esta mensagem na sua mente, medite sobre ela quantas vezes for necessário, e lembre-se que a única forma de enterrar estes mal-estares é adotando uma atitude audaz e perseverante, com a certeza de que somente se requer um mínimo de luz para que a escuridão desapareça sem deixar rastro.

Quando você desafiar os temores que te atacam com um certo grau de ousadia, eles tentarão aumentar sua força, se alçarão cada vez com maior intensidade e tratarão de afugentar sua valentia, mas você não deve permitir que te façam desistir. Recorde-se que nunca puderam te ferir, e quantas vezes te fizeram acreditar que você ia morrer ou perder a cabeça. No entanto, você sabe muito bem que era tudo uma farsa: aqui está você, sua saúde é normal e você mantém a sanidade. Eles são uns embusteiros, somente manipulam seu ser interior para que você se renda à seus pés. Não mais! Enfrente-os com firmeza e você verá como eles fogem apavorados. É fundamental que você tenha consciência de que estes medos não são seus.

Ivan estava se preparando para a última prova da carreira médica, sua mente está imersa nos estudos. De repente, um vizinho apareceu e começa a distraí-lo. Sem reparar no que Ivan estava fazendo, ele começou a fazer perguntas intermináveis: "Como tem passado? Você foi capaz de ver o jogo ontem?", entre outras.

No começo, o nosso aluno respondeu uma por uma com grande paciência. Mas em um ponto, pediu-lhe para não distraí-lo mais porque você estava revendo a matéria para o seu exame final.

No entanto, o vizinho permaneceu incolume, como se ele não tivesse ouvido nada, ignorando os pedidos. Finalmente, Ivan o enfrentou com força. "Saia daqui!, Você não percebe que eu estou tentando me preparar para o exame final?!".

Esta resposta deve ser a mesma para nossa ansiedade. Devemos tratá-la como se fosse um ser estranho que nos impede de avançar, crescer e cumprir com nossas metas. Quando nos chega um ataque de pânico, devemos vê-lo desta maneira. Temos que nos dirigir a ele como se fosse um ser cujo único objetivo é paralisar nosso crescimento pessoal e minar nosso caminho.

Talvez, depois de ler este capítulo, te surja a pergunta: "Se tudo é tão simples, porque não pensei nisso antes?"

A resposta é que quando você vê uma pessoa que quer te perturbar ou te desviar do seu objetivo, é fácil que você a desafie porque você se dá conta com claridade das suas más intenções. Mas se o inimigo provém do seu interior, dificilmente você poderá reconhecê-lo, e ao invés disso, assume que se trata da sua doença.

É possível que ao aplicar este ensinamento uma vez somente você consiga se livrar dos ataques de pânico. Em alguns casos, se requerem duas ou três tentativas, mas não mais que isso. A ideia é mostrar a você mesmo que é você que possui o controle da sua vida. Para isso, você tem que incorporar dois valores primordiais: a confiança no teu Criador e a fé no teu próprio potencial. Estes dois elementos contêm toda a luz que se requerer para erradicar a escuridão.

EXERCÍCIO 9

Objetivo: Agradecer pelo que possui.

Atividade: É necessário que você tenha diante de si e que tenhas consciência das coisas lindas que D-us outorgou para sua vida. A cada dia agradeça por elas. Faça uma lista com todas elas. Releia. Registra teus sentimentos.

Carta 9
"Não temer o medo"

Em resposta a sua carta, na qual descreve que se sente temeroso e com pânico, digo o que segue. De maneira geral, esta classe de problemas não tem base na realidade (exceto pelo fato de se levar em consideração estes pensamentos e ficar obsessivo por eles). Por consequência, o fato de deixar de se concentrar nestas ideias (hesech hadáat) as eliminam por completo. Se sabe que hesech hadaat não significa entrar na batalha com um pensamento em particular, dado que combater uma ideia é o contrário de deixar de pensar nela.

Pelo contrário, significa, muito simplesmente, pensar em outras coisas completamente: quando o pensamento perturbador invadir a mente, ignorá-lo completamente; muito firmemente, não deixá-lo crescer ou combatê-lo. Em vez disso, é deixar ele de lado e pensar em outra coisa. Mais precisamente, eles são banidos, se você pensar sobre questões da Torá e mitsvot, já que uma vez que mesmo uma pequena quantidade de luz dissipa muita escuridão. Entende-se que o acima pode ser alcançado melhor quando se é saudável e forte, por isso deve *se perguntar ao seu médico sobre os sintomas e seguir as suas instruções.*

No entanto, como discutido antes, faça isso sem se debruçar sobre o assunto. Você pode ter uma dose de confiança adicional de que vai conseguir se livrar de seus medos, já que agora estamos no meio do período das Grandes Festas, nos dias em que somos assinados e selados para o bem. Neste momento, D-us, a essência do bem, faz que o bem desça sobre todos e cada um de nós de maneira abertamente revelada.

Capítulo 10

O medo da morte

Se analisarmos com profundidade as causas da nossa ansiedade, chegaríamos à conclusão de que a verdadeira razão pela qual há momentos em que nos encontramos confusos e ficamos perplexos e paralisadas diante do mundo é por conta do medo de morrer e desaparecer.

As conversas que mantenho com uma grande variedade de pessoas e os relatos que outras tantas me fazem deixa transparecer a quantidade de temores que suportam aqueles que sofrem tormentos emocionais, mas definitivamente, sempre chegamos a conclusão de que o medo mais poderoso, a base de todos os nossos pesares, é o medo da morte.

Uma das situações que mais demonstra este medo é a da viagens de avião. Muitas são as consultas que recebo acerca deste tema e, que, com diferentes matizes, expressam as mesmas preocupações; nelas se demonstra o imenso temor de viajar de avião porque é uma situação que nos faz sentir vulneráveis e estimula o medo da morte.

Em uma ocasião, veio até mim um jovem que tinha pavor de pegar um avião para qualquer viagem. Sabendo que a maioria dos acidentes de avião ocorria no momento da decolagem, em um estado de nervosismo total, ele baixava a janela para não ver o que ele pensava que iria ocorrer. E restaurava a calma somente quando ouvia a mensagem "Nós já atingiram a altura apropriada, podem desapertar os cintos de segurança ...".

Se a decolagem tivera sido bem sucedida e o piloto não se dirigia aos passageiros com comentá-

rios sobre o vôo, ele se perguntava: "O que será que está acontecendo de errado?". Quando, finalmente, o avião estava em um curso estável, respirava aliviado, mas, em seguida, se por algum vento inesperado viesse a produzir um daqueles fenômenos físicos que produzem turbulência, surgiam novamente seus temores e seu coração começava a bater a mil. Sua mente não parava de pensar sobre desastres.

Durante nossos encontros, lhe expliquei sobre conceitos fundamentais que estavam implicados nos episódios que me relatava e, também, lhe brindei com uma série de ferramentas para resolver seus problemas, bagagem esta que detalho neste livro que comparto com vocês. Em poucas semanas, seus medos, graças a D-us, terminaram.

Uma vez, eu lhe perguntei, "Há quanto tempo você vive e viaja com esses temores? Desde quando você tem medo da morte? ". Ao que ele me respondeu: "Já são mais de dez anos que eu vivo com esta 'turbulência' emocional ."

Depois de ouvir sua resposta, D-us me "iluminou" com uma declaração muito forte e disse: "Nós não devemos temer a morte, devemos ter medo de não *viver a vida." E, continuei: "Mais do que o medo da morte, você não tem medo de viver toda a sua vida, até o último dia desta maneira? Uma vida cheia de ansiedade e confusão, desconforto físico e emocional. Você realmente quer viver como você vive dessa maneira?".*

A razão pela qual as pessoas temem a morte – como dissemos nos capítulos anteriores – é porque não são conscientes da missão Divina que as trouxe a este mundo. Pensar na morte implica concentrar-se em algo que ocorrerá no futuro; assim perdemos o enfoque no nosso presente e esquecemos da missão que D-us nos encomendou.

O Talmud declara, "Os malvados, mesmo que estejam vivos, são considerados como mortos; e os justos, mesmo depois de morrer, se denominam vivos".

Segundo a visão profunda do judaísmo, uma pessoa não se define como viva somente quando respire, come ou cumpre com suas funções fisiológicas. Uma pessoa pode estar respirando adequadamente, funcionando de maneira ótima e mesmo assim viver alijado de sua fonte Divina, sua verdadeira vitalidade interior.

Estar vivo implica manter-se sintonizado com o propósito Divino, que mantêm tudo leal à missão particular e única que devemos cumprir neste mundo. Uma pessoa que está viva no pleno sentido da palavra é aquela que não se motiva somente em função do que pode receber da realidade, senão a raiz do que ela pode aportar ao Plano Mestre do seu Criador.

A vida vai além disso. Viver é estar ligado com um propósito e uma missão espiritual que nos transcende. É algo que nos faz pensar e refletir em "O que me trouxe aqui?", ao invés de , "O que eu quero obter do mundo?"

Se você está constantemente preocupado com a morte, você perde o eixo da sua missão espiritual, já que este medo interfere com a capacidade que você possui para mudar o mundo de maneira positiva. Esse medo te anula e impede que você possa desenvolver as habilidades e talentos que D-us te ortougou para trabalhar em benefício da Sua criação. Isso de alguma forma é a "morte em vida", e à isso realmente deve-se temer.

Imagine uma pessoa a quem D-us dá a capacidade de desenvolver uma cura para uma doença grave e, ao invés disso, usa sua inteligência para o lucro no mercado de ações. Poderíamos dizer que esta pessoa "está viva"? Alguns pensariam que sim, mas a realidade que expressa a sagrada Torá é que, enquanto não cumprirmos a tarefa que nos foi confiada, não somos verdadeiramente vivos.

Por esta razão, diariamente, incorporamos em nossas preces a benção que diz, "Baruch Ata Hashem Mechaie Hametim", "Bendito És Tú quem ressucita os mortos".

Esta oração tem duas conotações: em primeiro lugar, demonstramos a certeza de que a redenção messiânica chegará imediatamente e que com isso D'us s irá reviver os mortos. Por outro lado, nossos sábios nos ensinam que é um apelo pessoal para D-us nos libertar de "morrermos vivos". É um pedido para que Ele nos ilumine para que estejamos focados em nossa missão Divina e nos conceda a força para persistir com lealdade e compromisso incondicional.

Em uma ocasião, eu estava conversando com meu amigo Moisés Waisberg sobre esta mensagem e ele me disse: "Quem não está preparado para morrer por D-us, não está pronto para viver por D-us". No início, esta frase me pareceu um pouco severa e extrema, mas ela contém uma verdade absoluta, profunda e essencial.

Se acreditarmos no Criador do Universo e nos aferrarmos com força à missão que ele nos deu, então, descobriremos que o valor da vida vai muito além da sua expressão física e do tempo que permanecemos neste mundo material; pois a "vida está sempre viva", mesmo que em determinado ponto D-us decida que a vida deve abandonar o corpo que a hospeda.

Isto não significa o final, senão o início de uma nova realidade em que essa vitalidade retorna à sua fonte e impacta a realidade de uma nova forma, não a partir de encher os recipientes do mundo, senão a raiz de sua transcendência intrínseca.

A seguinte história será fonte de inspiração e entendimento para nós.

Diz-se que um dos mais poderosos exércitos do mundo estava prepararando um comando de elite que realizaria as missões mais difíceis reaizadas até agora.

Os soldados mais capazes foram selecionados, e estes foram treinados duramente por mais de dez anos por estrategistas e comandantes experientes. Deviam seguir com exatidão uma dieta muito restrita e foram expostos a exercícios físicos e mentais muito rigorosos. Deveriam render 100% de suas capacidades e ao sinal da menor fraqueza ou debilidade eram desqualificados do programa.

Quando chegou o dia do seu exame final, que iria determinar se eles eram capazes de ocupar posições de liderança no exército, foi ordenado que cada um deles subisse até o topo de uma montanha próxima. Quando eles estavam lá, receberam uma estranha ordem: "Saltem para o precipício".

Cada soldado cumpriu perfeitamente com a primeira parte deste último teste, mas ao alcançar o cume, nenhum foi capaz de assumir o risco de perder suas vidas saltando no vazio.

De repente, um deles o fez, os outros assistiam perplexos a cena. No entanto, quando ele estava prestes a bater no chão, o piso se abriu e uma vasta rede amorteceu sua queda.

O comando geral olhou para o grupo e disse: "Aqueles que não estão dispostos a morrer pelo nosso país, são incapazes de nos proteger dos nossos inimigos."

Depois de seu fracasso na missão, a maioria tinha uma pergunta: Como é que esse soldado sabia que milagrosamente iriam estender uma rede e que nada de ruim iria acontecer?

Ele respondeu: "Será que parece lógico que o exército do nosso país está aqui há mais de 10 anos, investindo milhões de dólares e incontáveis horas para nos treinar e, em seguida, no último dia, jogar todo este imenso esforço pelo espaço?

Esta mesma análise se aplica a nossa vida. D-us não investiu toda Sua essência e todo seu Ser no processo criativo para que simplesmente tenhamos uma vida tão curta – qualquer número de anos é insignificante em comparação com o infinito – e para logo depois morrermos e tudo se terminar.

O valor da nossa vida vai além do âmbito da vida como a experimentamos, é uma realidade Divina eterna que se manifesta de forma otimizada no mundo físico, mas que o transcende infinitamente. Quando entendemos isso, nossas prioridades mudam de foco, entendemos como tudo é incalculavelmente pequeno em comparação com o Ser infinito de D-us e como o único objetivo que justifica a nossa presença aqui é dedicar tempo e esforço para cumprir a missão que Ele nos deu . Então, realmente começamos a viver e a erradicar todas as formas de medo ou ansiedade; adquirimos a certeza inabalável de que a vida é eterna e que a nossa tarefa está além das barreiras do tempo em que ela opera.

O melhor remédio para não temer a morte é deixar de temer a vida. Devemos nos enfocar em nosso presente. Viver é estar conectado com um propósito e com uma missão Divina.

EXERCÍCIO 10

Objetivo: Viver o presente do agora.

Atividade: Cada dia é parte do plano Divino. Enfoque no que você está fazendo no presente. Concentre seus pensamentos em suas atividades cotidianas, sem pensar no passado ou no futuro. Ao final do dia anote o resultado.

Carta 10
"Entendimento superior"

Recebi sua carta, na qual você escreve sobre várias coisas que não entende, como o sofrimento de seu pai durante sua doença. Em particular, por que D-us faria uma boa pessoa sofrer?

A julgar pela sua carta, é sem dúvida desnecessário enfatizar um conceito óbvio: sem dúvida, não é surpreendente que um homem não compreenda os caminhos de D-us, já que um ser criado e finito não pode compreender o infinito.

O oposto, isto é, o homem vir a compreender os caminhos de D-us, seria bastante surpreendente, e seria devido somente a benevolência infinita de D-us, quando Ele revelou ao homem certos aspectos da Sua Divina providência.

Quando uma pessoa que está doente sucumbe à sua doença, é claro que a doença afetou apenas o corpo físico. Se algo de ruim ocorre, por exemplo, no sangue do paciente, isso não pode afetar a sua vida espiritual e sua alma eterna.

Em outras palavras, quando um paciente se rende à uma doença, isso acontece apenas porque a união entre a alma e o corpo chegou ao fim, mas a alma é eterna. Este é um dos princípios básicos da fé judaica, assim como de muitas outras.

Na Torá se explica e se enfatiza com frequência que a vida nesta terra é somente uma preparação para a vida futura e eterna no Mundo Vindouro. Isto é ensinado em uma conhecida Mishná do Pirkei Avot, que expõe, "Este mundo é como um vestíbulo diante do mundo futuro; prepare-se no vestíbulo para entrar na sala de banquetes" (Avot 4: 16). É impossível descrever a vida no Mundo Vindouro, dado que, incluso neste mundo – em outras palavras, enquanto a alma está conectada ao corpo – a alma se encontra em um plano infinitamente superior a da vida do corpo no qual ela está investida; quanto mais quando finalmente a alma não está mais distraída pelo corpo.

Mas quando se trata de vida nesta terra e da vida da alma no mundo futuro, as diferenças não são em grau, mas em espécie, e não há denominador comum entre elas.

Ao mesmo tempo, deve ser lembrado que o sofrimento no "lobby", que é apenas um corredor para o "salão de banquetes", é afinal temporário, e o ganho é eterno.

Capítulo 11

A alimentação e a ordem

Existem certos momentos na nossa vida em que as distorções de pensamento e os transtornos de ansiedade que experimentamos, entre outras coisas, são causados por algumas desordens que temos em nosso comportamento diário.

Por exemplo: basta nos descuidarmos de nossa dieta ou das horas de sono, para que todo nosso sistema nervoso se descompense e acabemos presas dos sintomas da ansiedade.

Quando uma pessoa me busca em procura de orientação, a primeira coisa que faço é lhe perguntar como era sua atitude de vida antes de sofrer de ansiedade. O objetivo da minha pergunta consiste em determinar os motivos concretos que desencadearam os ditos transtornos.

De fato, em várias oportunidades foi descoberto que a razão do padecimento não se encontra em algum desafio ou prova que a pessoa está enfrentando, senão simplesmente no fato de que a pessoa tem sido negligente com ela mesma, e tem descuidado dos elementos primordiais dos quais dependem a boa saúde: o sono e a alimentação.

É evidente como na maioria dos casos a razão pela qual a pessoa negligencia tanto sua dieta e seu descanso físico é precisamente por conta da ansiedade geral que tem experimentado. Ainda assim, sabemos que há pessoas que, mesmo sofrendo de ansiedade, se esforçam para manter a consistência em seus horários de sono e estão conscientes e cuidadosas com sua alimentação, e graças a seu rigor com estas questões que seu estado de ansiedade permanece gerenciável e não atinge dimensões extremas.

Uma vez, conheci uma jovem que se prôpos uma dieta antes de seu casamento. Tinha sonhado toda a sua vida com esse belo vestido de noiva branco e queria alcançar a medida adequada para usá-lo como uma princesa. Em termos concretos, para atingir seu objetivo ela deveria reduzir "apenas" 25 quilos que possuia acima do peso. Ela tinha apenas três meses para faze-lo, então, decidiu adotar uma dessas dietas "mágicas" que reivindicam resultados milagrosos em um curto período de tempo.

Como seguramente podem imaginar, esta dieta rigorosa não lhe permitia comer sequer uma grama de farinha. Além disso, a quantidade de calorias consumida por dia não ultrapassava 1200. Para complicar as coisas, ela se absteve de coisas que a dieta não negava com a idéia de quanto mais exigente fosse consigo mesma, mais rápido atingiria sua meta . Depois de três dias, ela conseguiu perder cerca de dois quilos, o que a motivou a continuar com seu plano. Finalmente, chegou a semana antes de seu casamento, ela tinha conseguido uma estampa ideal e estava pronta para deslumbrar a todos com seu lindo vestido de casamento.

No entanto, sua obsessão com a perda de peso a levou a ignorar a gravidade dos danos que o seu comportamento significou para a sua saúde física, mental e emocional. A medida que cumpria com esta dieta rigorosa, seu corpo começou a se enfraquecer gradualmente. Muitas vezes se sentia exausta e à beira do desmaio, mas nada disso importava, sua única preocupação era estar linda no dia de seu casamento, nada mais. Quando a fadiga era muito intensa, ela corria para beber várias xícaras de café com a certeza que isso não ia engordá-la.

Quando estava tão perto do seu grande dia, suas emoções se dividiram em dois: por um lado, estava muito feliz por ter alcançado seu objetivo. Por outro, percebeu que esse regime tinha devastado a sua personalidade. Estava sempre cansada, irritada, tonta e constantemente se sentia com vontade de vomitar. Somou-se ao stress característico do casamento, os problemas causados por sua grande fraqueza física. Quase sempre, ela estava à beira das lágrimas. Ela começou a sentir graves inseguranças sobre o seu futuro e com medo de que seus convidados iriam notar seu estado de ansiedade.

O momento mais esperado de sua vida foi se tornando o mais difícil de enfrentar.

Ao chegar o dia que ela tinha tanto esperado, percebeu que não estava pronta. Mas por causa da vergonha que ocasionaria aceitar sua condição, decidiu ignorar suas emoções e entrou na sinagoga, como se tudo estivesse ocorrendo lindamente. Conforme a cerimônia se desenrolava, foi acudida por três ataques de pânico consecutivos.

Hoje se lembra daquele dia especial como um dos momentos mais angustiantes que viveu. Basta pensar nesse episódio, que lhe vem o sentimento de dor e frustração que a dominava naquele momento.

A jovem de quem eu falo não era uma pessoa que se revelava como alguém muito sensível. De fato, ela havia enfrentado grandes desafios e provas familiares muito difíceis e havia se mantido equilibrada frente a situações que para outras mulheres poderia ter lhes causado depressão ou ansiedade.

Isto nos indica que a causa de seus ataques não se encontrava no stress que envolve a preparação de um casamento, senão em seu comportamento extremista nos meses que antecederam a cerimônia.

Essa atitude obsessiva descompensou seu sistema nervoso ao nível de ocasionar que aquelas preocupações naturais geradas por um matrimônio se apresentassem para ela como um desafio impossível de ser superado.

Esta historia nos demonstra o quanto essencial é uma boa alimentação para nos mantermos sanos física, mental e emocionalmente. Por exemplo: o incremento no consumo diário de cafeína pode resultar em um transtorno de ansiedade, o que, somente regulando este excesso, pode ser retificado.

O caminho para alcançar a paz, a serenidade e a espiritualidade começa quando assentamos as bases da ordem e da disciplina.

EXERCÍCIO 11

Objetivo: Por ordem na vida.

Atividade: A sua vida está desordenada, você não respeita os horários das refeições e nem presta atenção no que come, está dormindo pouco e ingere doses exageradas de café por dia. Dê um basta. Visite um médico que te indique um regime alimentar. Aplique-o com consciência. Respeite os horários. Os momentos de comer e dormir devem ser momentos de relaxamento e cuidado pessoal. A ordem é o princípio da tranquilidade.

Carta 11
"Os resultados obtidos se dão passo a passo"

Em resposta a sua carta de 19 de Menajem Av, na qual você pede conselho sobre sua falta de ordem e conta que quando decide se conduzir de uma maneira específica, aquilo não é duradouro e você retorna ao modo de conduta prévio que é tanto prejudicial para você quanto para os outros:

Muitas vezes, esse é o resultado de tomar a decisão de fazer coisas que estão distantes e longe da atual situação, isto é, você quer "saltar" quando o curso normal da ação deve ser melhorar pouco a pouco, passo a passo.

Há, de fato, circunstâncias incomuns em que o curso de ação apropriado é o de "saltar": ir de um extremo a outro em um só golpe. No entanto, esta não é a maneira usual de comportamento, que procura alcançar um progresso lento mas constante.

Outra dica que permitirá que suas resoluções perdurem é compartilhar com um amigo. Isso torna mais difícil parar de prosseguir com a sua resolução, uma vez que você teria de responder a seu amigo o porquê de não continuar com a mudança.

Capítulo 12

A respiração e a alma: sócios na criação

Este capítulo demonstrará como a partir do desenvolvimento de uma respiração correta você poderá alcançar uma relação plena e poderá se livrar de todos os sintomas negativos que levam a ansiedade.

Ao retificar sua forma de respirar, você conseguirá vencer os transtornos de ansiedade e melhorará sua qualidade de vida, assim como o estado integral da sua saúde.

Para começar, quero explicar os bastidores místicos deste conceito. É sabido que as letras hebraicas são também os elementos Divinos utilizados pelo Criador para dar forma a criação. Isto significa que, ao nos remetermos em hebraico ao nome de algo, acedemos a sua definição essencial e descobrimos sua razão de ser.

A palavra hebraica *neshimá* significa "respiração"; e esta mesma expressão está fortemente relacionada com a palavra *neshamá*, que significa 'alma'. O significado desta associação reside no fato de que a alma e a respiração estão ligadas em sua essência.

Portanto, se retificares sua maneira de respirar, conseguirás corrigir também os transtornos da alma.

Para chegar a compreender isto, vamos analisar a relação que existe entre a alma e a respiração. Nossos sábios nos ensinaram que, "Da mesma maneira como a alma preenche o corpo, D-us preenche o mundo". Isto significa que a totalidade de nosso ser está permeada pela alma. Entretanto, sabe-se também que existem sedes principais em nosso organismo, essas são as bases nas quais a alma se manifesta mais e se torna mais perceptível.

Apesar de, como já mencionamos antes, a alma penetrar em todo o nosso corpo, existem órgãos mais sensíveis a sua presença, e por consequência, mais adequados para que ela se expresse. A sabedoria chassídica ensina que os dois recintos fundamentais para a alma são o cérebro e o coração.

Com base nesta análise, podemos começar a compreender o vincula essencial entre a alma e a respiração. Se perguntarmos a uma pessoa que sofre de ansiedade, quais os órgãos que ela sente mais afetados por este transtorno, o que nos responderia? Sem nenhum lugar a dúvidas, a cabeça e o coração.

A cabeça porque ali se originam os pensamentos obsessivos, e o coração porque é de onde se desata o caos emocional.

Agora estamos em condições de entender que a ansiedade ataca os órgãos que abrigam a alma, aqueles encarregados de sua expressão e que lhe facilita o controle de todo o corpo.

Por esta razão, se queremos superar os padecimentos que nos acarreta a ansiedade, devemos limpar de toda impureza o lugar da alma: temos que limpar nossa mente e nosso coração para purificá-los de qualquer elemento negativo; desta forma, permitiremos a alma morar em paz e conseguiremos um estado ótimo de saúde mental, emocional e física.

Para poder retificar a neshamá (alma), é necessário trabalhar para corrigir a neshimá (respiração).

Uma forma de nos darmos conta da conexão que existe entre a alma e a respiração é refletindo sobre o relato de Bereshit (Gênesis), no qual a Torá descreve a criação do primeiro homem, Adam HaRishón. Nele está dito que, "D-us insuflou em suas narinas um hálito de vida". Ao ler isto é provável que nos surja a pergunta: Como podemos dizer que D-us soprou?

Evidentemente é impossível atribuir funções físicas a D-us. No entanto, nossos sábios nos ensinam que "a Torá fala de maneira que nosso ouvido inferior possa compreender". Neste caso, ao dizer que D-us soprou, a Torá deseja expressar uma analogia. O O sagrado livro Zohar ensina que, "Aquele que sopra, o faz desde o mais profundo do seu ser".

Vejamos o seguinte exemplo para interpretar estas palavras.

Uma pessoa se encontra em frente a um auditório. Pode passar um longo tempo dissertando, falando e expondo suas idéias sem chegar a se sentir cansada. No entanto, se parar de fazer o que está realizando e pegar um balão e tentar inflá-lo, este esforço seria muito mais desgastante e extenuante do que a palestra que estava dando.

A razão disso está radicada no que foi dito. Como ao soprar, deixamos que participe uma energia que provêm do nosso ser mais íntimo, mais do que falar, quando tentamos inflar um balão, terminamos muito mais cansados.

Se desejamos retomar o controle de nossa vida, em primeiro lugar, devemos retomar o controle de nossa alma, para isso temos que aprender a respirar corretamente.

Pensemos por um momento: nosso corpo cansado e abatido pela ansiedade se assemelha àquele bosque de terra inerte, àquele corpo original quando ainda não tinha vida. A ansiedade drena nossas forças e nos deixa em um estado sem vida da mesma maneira que o corpo do primeiro homem era somente um pedaço de terra antes que D-us lhe outorgasse uma alma.

Portanto, devemos imitar o ato primordial do Criador e soprar em nosso interior "uma alma de vida". Isto é conseguido respirando-se de forma adequada.

Os cabalistas ensinam que a respiração retificada possui três facetas: postura, respiração e meditação.

A postura está relacionada com o corpo e também com o nível inferior da alma denominado *nefesh*. Os cabalistas ensinam que *nefesh* é a dimensão da alma que se encarrega de dar movimento ao corpo. O objetivo da postura é preparar o corpo para que seja um veículo apropriado para a luz Divina que surgirá através da meditação.

A respiração se vincula com a dimensão da alma chamada, "ruach". Segundo a sabedoria da Cabalá, o *ruach* é o encarregado da faculdade emocional da alma. Por esta razão, respirando com calma, podemos canalizar nossas emoções.

Finalmente, depois que uma pessoa se dedicou ao corpo, adotando uma postura correta e dirigindo seu coração a partir da respiração, deve então estabelecer uma conexão intelectual, ou seja, desenvolver pensamentos positivos e refletir sobre a grandeza e a soberania do Criador . Assim, uma conexão sólida com a Fonte da Vida é forjada e benefícios espirituais e materiais são alcançados. Convidamos D-us a morar com ele.

Esta terceira e última etapa está relacionada com a dimensão mais alta da alma das três que revestem o corpo, já que a Cabalá ensina que também existem dois níveis mais que transcendem toda a posse de nosso organismo. Mas aqui estamos falando das facetas da alma que exercem sistematicamente uma influência progressiva no corpo, que se denomina "neshama" e que é a que controla a faculdade intelectual do homem.

Na continuação, apresentarei um modelo de respiração que, realizada de forma correta, te proporcionará serenidade tanto mental como emocional.

Em primeiro lugar, é essencial adotar uma postura correta. A sabedoria chassídica ensina que não coincidentemente o homem se mantêm ereto. Isso reflete a supremacia do intelecto sobre as emoções. Portanto, a nossa cabeça está erguida, mais alta do que o nosso coração. Além disso, o fato de andar verticalmente representa nossa capacidade de olhar para cima e, ao mesmo tempo, manter os pés no chão.

Para enfocar esta virtude, a posição da técnica de respiração que eu quero compartilhar com você consiste em se levantar e manter o peito expandido, ou seja, todo o corpo está na posição vertical. Esta posição é semelhante à posição de um corda totalmente estendida, na qual não existe qualquer nó, isto é, aquelas desordens musculares que aparecem com a ansiedade e stress. Além disso, deste modo, também nos livramos dos "nós" que se formam em nosso peito quando as preocupações nos alcançam.

Quando estamos concentrados nesta postura, devemos meditar no conteúdo do seguinte versículo: "Uma porção de D-us é Seu povo (a nação de Israel), e Yaacov é a corda de Sua herança".

Os mestres chassídicos explicam esse versículo da seguinte maneira: cada um dos membros do povo judeu é ligado a D-us através de uma "corda", cuja extremidade superior se encontra com Ele, e sua parte inferior está abaixo, dentro da nossa alma . Quando vivemos de acordo com as orientações e pareceres do Criador, a ligação se torna mais forte, mas se levarmos a nossa ponta da corda para lugares imundos, também puxamos o topo da corda para este lugar impuro.

Agora que estamos erguidos podemos iniciar a respiração. É fundamental que a inspiração seja sempre mais curta que a expiração. Tente o seguinte exercício: inala ar durante quarto segundos, então segure a respiração por dois segundos e finalmente exale o ar em seis segundos.

Se você realizar este simples exercício quatro vezes ao dia, verá como o seu corpo e sua alma se alinham e o equilíbrio entre ambos te proporcionará paz e tranquilidade.

É provável que nas primeiras vezes que você realizar este exercício, irá sentir uma leve tontura. Não se preocupe, isto é normal, se deve a que o seu corpo não está acostumado.

Respirar é a ferramenta que nos permite canalizar as potências da alma e diminuir a ansiedade, mas não é um fim em si mesmo, mas um meio para alcançar o nosso maior objetivo: a meditação prolongada, que visa introduzir pensamentos positivos e saudáveis em nossa mente forjando total disponibilidade para sintonizar nossas vidas à Vontade Divina.

Desta maneira, a meditação ajuda a prestar atenção intencionalmente no momento presente, sem julgamentos. Nós interagir diretamente com o que está acontecendo em nossas vidas, aqui e agora. O objetivo é desenvolver uma consciência que nos permita estarmos cientes do que acontece sem excluir nem ampliar os eventos. É estar onde já estamos, lidar com nossos pensamentos e emoções, manter uma conexão com o presente.

O problema da ansiedade é que gastamos muito do nosso dia negando o que já é um fato e tentando resistir a ele. Isso cria mais tensão e impede que se produzam mudanças positivas. Portanto, a técnica de meditação permite tanto o contato com a realidade como aceitá-la.

EXERCÍCIO 12

Objetivo: Alcançar o relaxamento corporal e emocional.

Atividade: Comece eliminando da sua vida condutas sedentárias. Incorpore atividades que te exijam movimento. Três vezes ao dia tome um tempo para você e realize os exercícios de respiração.

Carta 12

"Encontrar a serenidade"

Existe um tema relacionado com a saúde física e psicológica que exige atenção. A saúde para o judaísmo é algo muito importante. Tanto que devem se fazer todos os esforços necessários, mesmo quando não exista uma possibilidade de êxito segura.

Isto refere-se ao conceito de meditação, que tem suas raízes nos mesmíssimos princípios. Os comentaristas da Torá explicam que Abraão e os outros patriarcas escolheram serem pastores para passar seu tempo em solidão.

Suas vidas não eram mundanas e nem estavam enfocadas no físico. Ao contrário, estavam totalmente consagradas ao serviço Divino, razão pela qual são chamados de "A carroça de D-us". [Se escolheu esta metáfora porque da mesma maneira que uma carroça não tem vontade própria e está totalmente controlada pelo seu condutor, de modo similar, estavam suas vidas, totalmente controladas por D-us].

Eles escolheram uma profissão que lhes permita ter tal existência espiritual e solitária, sem ter que se envolver na agitação da vida nas cidades. O mesmo ainda é verdade hoje. Há certos aspectos de saúde psicológica e calma que podem ser alcançados ficando fora de contato com a agitação e tumulto em torno de nós.

Ao se retirar em solidão e se isolar por um período, é possível se alcançar a saúde psicológica e a paz mental. Este processo pressupõe apartar-se do clamor e do tumulto das ruas, e meditar sobre um objeto que produza serenidade e paz mental.

Este modo de conduta fortalece o indivíduo e vela pela sua saúde mental. A meditação deve ser empregada somente para aqueles que a necessitam; um indivíduo saudável do ponto de vista psicológico não necessita praticá-la. Ao contrário, um indivíduo saudável e calmo que comece a se apartar dentro de si mesmo por meio da meditação não fará outra coisa a não ser prejudicar sua saúde mental.

O modo de meditação necessária por todos é aquela que é parte integrante do serviço espiritual. Assim, encontramos a diretiva do Shulchan Aruch de que antes da oração se deve meditar sobre "A grandeza de D'us e a insignificância do homem." Esta meditação, no entanto, tem momentos determinados -antes da reza - e não está feita apenas para atenuar o nervosismo.

A segunda característica fundamental é que a meditação *deve ser baseada em uma idéia ou sobre temas kasher da Torá, por exemplo, "Shema Israel" e os conceitos envolvidos lá. Isso vai levar o indivíduo a uma maior consciência da grandeza de D'us e a insignificância do homem, uma meditação que concorda com a meditação geral que precede a oração.*

Capítulo 13

A importância de pensar positivo

Gostaria de compartilhar com vocês um ensinamento chassídico que explica a importância do pensamento positivo. A seção da Torah Vayeshev relata a venda de Yosef . Ali lemos como seus irmãos o jogaram em um poço. A narrativa o descreve como "um poço vazio em que não havia água."

Um dos comentaristas principais da Torá, conhecido como Rashi, nos pergunta, "Se já se disse que o poço estava vazio, para que repetir que não havia água nele?" E ele responde, "Água não tinha, mas havia serpentes e escorpiões".

Os Rebes chassídicos nos ensinaram que esta é uma mensagem para cada um de nós: a mente se assemelha a um poço; quando está vazia de água, se enche de "pragas e animais selvagens".

Temos que mudar e encher nosso poço de água. "Não existe água, exceto a Torá"; a Torá é a "Torá de luz" e um "pouco de luz retira muita escuridão". Se nos ocuparmos de introduzir em nossa mente as palavras da Torá, os ensinamentos inspiradores e a prática de nossos sábios, então, desaparecerão os pensamentos negativos de forma instantânea. Além disso, a regra é que a mente humana pode focar-se somente em um pensamento por vez, e se você pensar positivo, imediatamente se liberará dos pensamentos negativos.

Deixe-me compartilhar com você uma visualização.

Feche os olhos e imagine que você está na frente de uma porta, mas esta não é a porta de uma casa ou de um edifício, mas um portão isolado no meio de um caminho desconhecido. É o portal, que entra em outra dimensão e que o leva para o Gan Éden, o Paraíso. Ao atravessá-lo, você tem acesso a uma área cheia de paz e tranquilidade, uma realidade harmoniosa em que o ciúme, a inveja, o ódio e todos os outros atributos negativos não têm lugar. Aqui reina o silêncio e você pode ver jardins, montanhas, um rio de águas calmas jorrando das rochas e que banha tudo em torno dele. Esta paz é algo que você nunca sentiu antes, é um espaço Divino no qual a luz brilha sem restrições e o tempo passa sem angústia.

É aqui onde no seu interior, o coração está feliz e preenche todos os órgãos do seu corpo com aquela alegria legítima que vem ao longo de todo o seu ser. Neste momento de grande paz, eu quero que você se sente em uma pedra e olhe para o vale, respire profundamente e tome uma caneta imaginária para começar a revelar ao Criador todos estes medos e tristezas que se encontram em seu coração. Não te freie ao transmiti-los, faça da forma como os vê, não tente enfeitar ou clarear, ao contrário, mostre a Ele que sabe que, mesmo com o quão terrível são *aqueles "demônios", você bem sabe que para D'us, nada o intimida. Assim escreve uma carta e seja muito específico. Quando você estiver terminado de fazer a sua carta, jogue-a contra o vento. Observe como ela milagrosamente se eleva no ar, como se tivesse asas, olhe para ela como se eleva mais e mais, impulsionada pela integridade de sua alma, acima de todas as fronteiras que você conhece. Em um ponto, você a perde de vista, mas você tem certeza de ter acessado as janelas do Palácio Celestial e que ela foi levada diante do Rei dos Reis, o Santo Bendito Seja Ele.*

Neste preciso instante abra os olhos e confie inteiramente que sua dor irá desaparecer e que seu Pai vela a cada instante pelo seu bem estar. Reconheça que não existe nada a temer, que você não está sozinho, senão nos braços Daquele que te ama infinitamente, com uma intensidade maior que o amor de um padre ancião ao seu filho pequeno nascido na sua velhice.

Também quero que ponhas em prática um conselho que o Rebe de Lubavitch dava com frequência àqueles que estavam lutando contra a ansiedade e o medo.

O Rebe pedia àqueles que o consultavam para fazer um esforço para memorizar as primeiras linhas do capítulo quarenta e um do livro de Tanya, onde se descreve a dedicação e o compromisso que D-us tem conosco e como esse compromisso Divino deve ser correspondido a partir dos nossos esforços por temer-Lo e satisfazer plenamente a Sua Vontade Suprema.

Aqui deixo uma tradução destas palavras:

No entanto, a pessoa deve sempre ter em mente o que é o início do serviço divino, o seu núcleo e raiz. Isto significa que, embora o temor é a raiz do "afastar-se do mal" e o amor é a raiz de "fazer o bem", no entanto, não é suficiente despertar só o gostar de "fazer o bem", mas, pelo menos, antes de executar o mandamento positivo, a pessoa deve primeiro despertar o temor natural que está escondido no coração de cada judeu de não se rebelar contra o Supremo Rei dos reis, o Santo, bendito seja ele, conforme declarado acima, de modo que este temor se manifeste em seu coração, ou pelo menos em sua mente. Isto significa que, a fim de despertar dentro de si este último tipo de temor, que pelo menos medite em sua mente sobre a grandeza do abençoado Ein Sof e Sua Majestade, que se estende a todos os mundos, tanto superior e inferior; e considere também que "Ele preenche todos os mundos" e "engloba todos os mundos", como está escrito: "Não encho Eu o céu e a terra?". E, no entanto, D-us negligencia as criaturas dos mundos superiores e criaturas dos inferiores, e dá Sua Majestade apenas para Seu povo Israel, em geral, e é conferida a ele em particular porque a pessoa tem o dever de dizer: "por amor à mim o mundo foi criado." E Ele, por sua vez, aceita Sua soberania sobre si, que Ele seja rei sobre ele, para servi-Lo e fazer Sua vontade em todos os tipos de trabalhos braçais.

"E eis que o próprio D-us permanece sobre ele" e "todo mundo é cheio somente de Sua glória" e não só por ser onipresente, Ele que vê tudo, mas, o que é mais, Ele observa ele em particular, e "verifica seus rins e coração" para ver se ele está cumprindo adequadamente. Portanto, você deve executar o seu serviço em Sua presença com reverência e temor, não só como um que esta sob domínio do Rei, mas sim como aquele que está diante do Rei.

O medo e a ansiedade são o resultado da percepção de um perigo, de um risco. Isto significa que o temor demonstra nossa falta de confiança em que D-us controla o mundo, em geral, e nosso mundo pessoal, em particular.

As palavras do Alter Rebe estão dirigidas a esta distorção do pensamento. Estão destinadas a despertar em nós a certeza de que o Bendito e Exaltado Seja rege cada detalhe da criação, que seu objetivo primordial é, "revisar seus rins e coração para ver se O está servindo adequadamente....". Quando refletimos acerca disso com verdadeira seriedade e concentração, os medos desaparecem frente a Presença Absoluta que controla nossas vidas e nos damos conta de que, "D-us é meu pastor, e nada me faltará...", como explicou o Rebe de Lubavitch em várias ocasiões: Se reconheço que "D-us é meu pastor", que Ele se dedica a me guiar com fidelidade absoluta no caminho indicado e que Ele me protegerá de todo o negativo, então, esta mesma realização será a causa de que, "nada vai me faltar".

Este modo de conduzir-se engrandece os receptáculos e as vasilhas, que permitem assim rece-

ber Suas benevolência no futuro imediato, assim como também no futuro em geral.

EXERCÍCIO 13

Agora que você terminou de ler este livro, te proponho que reflita e medite sobre a felicidade que você alcançou. Repasse mentalmente cada atividade que você fez, e registre as que você incorporou à sua vida. Somente uma introspecção sincera e profunda poderá criar em você uma mudança real.

Desejo que D-us te inspire e te dê a força e a sabedoria para poder pôr em prática estas ferramentas e assim obter uma vida livre de ansiedade.

Nossa santa Torá explica que a medida das bençãos de D-us depende em um grau considerável do modo de apreciação que estas receberão, e que a conduta esteja consistente com estas benevolências e que elas sejam reconhecidas.

Glossário

Ieshivá: academia de estudos judaicos e rabínicos.

Eisech Hadaat: remover a atenção.

Yetzer Hará: instinto negativo.

Chassidismo: movimento iniciado pelo Rabino Israel Baal Shemtov, o qual se enfoca na aplicação da filosofia esotérica judaica com o fim de afiançar a devoção religiosa.

Torá: os cinco livros de Moises.

Rebe: mestre e líder dos chassidim.

Sucot: festividade judaica chamada de festa das cabanas.

Guemará (Talmud): o Talmud é uma obra que abrange principalmente as discussões rabínicas sobre leis judaicas, tradições, costumes, narrações e ditados, parábolas, histórias e lendas.

Pessach ou Pascoa: é uma festividade judaica que comemora a liberação do povo hebreu da escravidão no Egito.

Idish: idioma pertencente a certas comunidades judias, se desenvolveu tanto na Europa Central como no leste da Europa.

Mitzva: mandamento da Torá.

Teshuva: arrependimento, retorno.

Mishna: base da lei oral judaica.

Pirkei avot: recompilação dos ensinamentos éticos e máximas dos rabinos do período da *Mishná.*

Menachem av: oitavo mês no calendário judaico.

Zohar: livro central da corrente cabalística.

Cabalá: disciplina e escola de pensamento esotérico judaico.

Shulchan Aruch: código judaico de leis.

IBRASA
LIVROS QUE
CONSTROEM